EIN TOLLES BRIDGE-GEFÜHL

AF535842

Joachim Freiherr von Richthofen

EIN TOLLES BRIDGE-GEFÜHL

Ein Bridge-Menü,
frisch angerichtet,
und zu Merkversen verdichtet.

4. Auflage

IDEA

Bibliographische Information der Deutschen Nationalbibliothek:

Die deutsche Nationalbibliothek verzeichnet diese Publikation in der deutschen Nationalbibliografie; detaillierte bibliografische Daten sind im Internet über dnb.d-nb.de abrufbar.

ISBN 978-3-98886-012-5

© 1981 IDEA Verlag GmbH, Puchheim
2. Verbesserte Auflage 1985
3. Auflage 2010
4. Auflage 2024
Alle Rechte vorbehalten

Inhalt

VORWORT

»Ein tolles Bridge-Gefühl« – was soll das denn schon wieder? Bridge ist doch wirklich keine Gefühlssache, sondern ein reiner Denksport, und gutes Bridge sollte mit logischem Denken, Kombinationsgabe, etwas Mathematik, etwas Physik und etwas Psychologie gespielt werden, aber doch nicht mit Gefühl, igitt. Das ist im Prinzip richtig. Die Entscheidungen, die Allein- und Gegenspieler am Bridgetisch zu treffen haben, sollen auch künftig nicht rein gefühlsmäßig zustandekommen, das wäre ja furchtbar.

Der Titel des Buches, das Sie gerade aufgeschlagen haben, ist aus anderen Gründen gewählt worden. Er sollte im Bewußtsein oder auch im Unterbewußtsein des potentiellen Lesers und/oder Käufers die Verbindung zum Erstlingswerk »Das Neue Bridge-Gefühl« des Verfassers herstellen, das bei dem Leserkreis, für den er es geschrieben hat, überraschend gut angekommen ist. Im Schlußkapitel des Erstlings hatte der Autor leichtsinnigerweise versprochen, ein zweites Buch zu schreiben, vielleicht mit dem Hintergedanken, daß das »Neue Bridge-Gefühl« ein Flop (= Reinfall) wird und sich kein Mensch um das kümmert, was da ein Möchtegernschreiber von sich gibt oder verspricht. Doch dann kamen so ab Februar 1982 die ersten Anrufe und Zuschriften, teils freundlich, teils ungeduldig; auch aus Österreich und der deutschsprachigen Schweiz: »Also, los, Mann! Wo bleibt das zweite, Sie?« Und der Verleger, Mister IDEA (bürgerlicher Name Dr. Uwe Paschke), hockte sich dem Verfasser in den Nacken: »Wer A sagt, muß auch – limente sagen«, meinte er nicht sehr originell, »wann bekomme ich das Manuskript?«

Der Verfasser war also zwei Seiten gegenüber im Zugzwang, in den er sich selbst gebracht hatte. Eine dritte und vierte Seite kamen hinzu. Die dritte: die eigene Lust am Schreiben, das ebenso wie die Erteilung von Bridge-Unterricht einen sehr erfreulichen Nebeneffekt hat: durch die intensive Beschäftigung mit der Materie verbessert ein Autor oder ein Bridgelehrer seine eigene Spielstärke oder sein »Bridge-Gefühl« ganz erheblich – jeder ernsthafte Lehrer, der sich an die Formel

Eine Stunde Unterricht = Zwei Stunden Vorbereitung

hält, wird das bestätigen können. Die vierte Seite, der gegenüber sich der Verfasser im Zugzwang fühlte, kam als Herausforderung hinzu: der Autor hatte jemanden gebeten, aus alter Freundschaft eine Besprechung (lies: Verkaufsbesprechung) für das Neue Bridge-Gefühl zu veröffentlichen. Dieser Jemand benutzte die Gelegenheit, sich als Kritiker zu profilieren und im Rahmen seiner Kritik unter anderem die Dichtung, die Bridge-Poesie, mit den Worten abzuqualifizieren: »Manchmal knüttelt es gewaltig.« (Knüttelverse sind übrigens eine ganz bestimmte, wertfreie Form des Versmaßes. Friedrich Schiller beispielsweise schrieb den gesamten Ersten Teil seiner Wallenstein-Trilogie, Wallensteins Lager, in Knüttelversen, das nur nebenbei.) Darüber hinaus hatte der ungebetene und selbsternannte Kritiker im Zusammenhang mit dem letzten Kapitel bezweifelt, daß man Prinzipien der »Hohen Schule« des Bridges zu Bridge-Merkversen ver-dichten oder zer-knütteln könne, insbesondere der Squeeze Defence (gemeint war: Gegenspiel bei Squeezeversuchen des Alleinspielers). Dem Herrn sei die Lektüre des Letzten Kapitels des vorliegenden Werkes empfohlen, vielleicht knackt er dann in Zukunft auch den einen oder anderen Squeeze mehr als bisher. So, dieser Schuß *mußte* einfach abgefeuert werden. Nachdem sich der Pulverrauch verzogen hat, geht es aber ganz friedlich weiter.

»Mach das Zweite aber nicht zu schwer!«, war die stete Mahnung der kleineren, aber weitaus besseren Hälfte des Verfassers. Na ja, ein bißchen schwerer als das erste mußte es von der Sache und Themenwahl her werden, darüber sollte sich der Leser im Klaren sein. »Zu« schwer – nein, das ist es nicht.

Um den Leser bei der Stange zu halten, versuchte der Autor das gleiche Rezept anzuwenden wie beim ersten Versuch: leichter Plauderton, ab und zu mal gewürzt mit einem dicken Hund oder einem Tritt auf den Schlips des Lesers, einmal kommt sogar ein schlimmes Wort in Langschrift vor, pfui Deibel, und dazwischen knochenharte Materie. Die Leser sollen schmunzelnd lernen und, wenn die Materie mal zu schwer oder zu trokken zu werden droht, dennoch das Buch nicht in die Ecke schmeißen – Schicksal so mancher Bridge-Veröffentlichung –, weil auf der nächsten Seite ja vielleicht wieder ein autorentypischer Heuler losgelassen wird, den man nicht verpassen möchte.

Die Rede war vom Zugzwang und der Herausforderung. Weder das eine noch das andere sind die wahren Motive für dieses Buch. Die liegen ganz woanders. Jede einzelne Bridge-Hand ist ein – wenn auch kurzlebiger – Mikroorganismus, ein kleines Lebewesen auf geistiger Ebene, gezeugt und geboren, um des Menschen Herz und Verstand zu erfreuen. Die Freude des Menschen ist umso größer, je pfleglicher und sorgsamer er mit diesem kleinen Lebewesen umzugehen versteht, je genauer er die Zusammenhänge erkennt und allen Aspekten und Ansprüchen, die in dem kleinen Wesen stecken, gerecht werden kann. Dies ist die eine Seite der Bridge-Medaille. Die Kehrseite ist die: viele, allzuviele Menschen verspüren Unsicherheit gegenüber dem Organismus, ja vielleicht sogar ein bißchen Angst, durch unsachgemäße Behandlung, falsche Ernährung und dergleichen das Tierchen abzumurksen und seinem qualvollen Ende beiwohnen zu müssen. Dieses Buch ist mit dem heißen Wunsch geschrieben worden, dem Leser ein bißchen von der Unsicherheit oder Angst zu nehmen, mit der er bisher dem kleinen Wicht Bridge-Hand begegnet ist, um seine – des Lesers – Freude am Bridge-Spiel zu erhöhen und zu vermehren. In diesem Geist ist auch das erste kurze Kapitel zu verstehen, das sich mit dem Verhältnis zum Partner und zu den Gegnern befaßt. Wenn es bei der Lektüre dem einen oder anderen Leser etwas moralin-sauer aufstößt, dann tut das dem Verfasser keineswegs leid, denn das ist seine Absicht.

Beim »Neuen Bridge-Gefühl« hatten wir es weitgehend mit dem normalen Rüstzeug für einen Bridge-Spieler zu tun, der seine Spielstärke zu verbessern oder – besser – zu konsolidieren trachtet. Durch die Merkverse, die er im Bedarfsfall hervorkramen kann, soll er mit dem neuen Gefühl am Tisch sitzen: Hach, mir kann ja eigentlich gar nichts passieren, wenn alles normal verläuft.

Beim vorliegenden Buch, das – wie versprochen – der »Hohen Schule« des Bridge-Spiels in weiten Leserkreisen zum Durchbruch verhelfen soll, werden oft »unnormale« Situationen, d.h. miserable Verteilungen, katastrophal schlechte Trumpfeinseitigkeiten und sonstige Gemeinheiten eintreten. Dies sind die vielen, vielen Fälle, in denen sich die Bridge-Spreu vom Weizen sondert. Der Weizen, das sind diejenigen Spieler, die sich durch Hiobsbotschaften beim Abspielen einer Hand nicht zu Tode erschrecken lassen, sondern einmal tief durchatmen und dann ihren Spielplan oder ihre Gegenspielstrategie neu überdenken und den Gegebenheiten anzupassen versuchen. Die Spreu, das sind, im Augenblick noch, die vielen Spieler und Spielerinnen, die bei schlechten Nachrichten allzu

schnell einfach aufgeben, ohne den Mut und die Kraft aufzubringen, das kleine Lebewesen, dessen Schutz und Obhut ihnen anvertraut ist, bis zum letzten Stich zu verteidigen.
Dieses Büchlein hier soll diesen Spielern insofern ein tolles Bridge-Gefühl vermitteln, als sie auch bei schlechten Verteilungen und hochgesteckten Zielen niemals aufgeben, sondern sich immer wieder sagen:

ZWAR IST DIE ZUVERSICHT GEDÄMPFT,
DOCH ES WIRD BIS ZUM SCHLUSS GEKÄMPFT!

oder, optimistischer:

WIRF INS KORN NOCH NICHT DIE FLINTE,
DU SITZT JA GAR NICHT IN DER TINTE!

Es ist schon ein tolles Gefühl, wenn man im Paarturnier – und das ist in allen Spielerkreisen wohl die beliebteste Form des Bridge-Turniers – den Boardbegleitzettel auffaltet und feststellt, daß man im Vergleich mit der Konkurrenz ein gutes Ergebnis geschrieben hat, weil man bei der eben gespielten Hand die Zusammenhänge erkannt, richtig gezählt, die richtigen Schlüsse aus Reizung und Gegenspiel gezogen, die Endstellung richtig vorausgeahnt und herbeigeführt, kurz, weil man Bridge der »Hohen Schule« gespielt hat. In diesem Sinn ist auch der Titel des Buches zu verstehen, das auf keiner Seite irgendwas mit Gefühlsduselei zu tun hat.

Idstein/Taunus, Oktober 1984

KAPITEL 1

Dieses Kapitel ist insofern eine Ausnahme von der Regel, als es im Gegensatz zu allen anderen, die nach dem bewährten Muster: ERST DER KURZE MERKVERS, DANN DIE WORTREICHE PROSA gestrickt sind, prosaisch beginnt und mit einem langen poetischen Teil fortgesetzt wird. Die Gedichtform hat offenbar noch immer für die Mehrheit der Menschen etwas Bestechendes, weil das, was der Dichter mitzuteilen versucht, in gereimter Form leichter den Weg in den Kopf oder zum Herzen findet, vor allem letzteres, nach dem Motto:

Selbst der allergrößte Mist
Stinkt nicht, wenn er ver-dichtet ist,

anders wären die atemberaubenden Erfolge der geistigen Väter Wilhelm Busch, Christian Morgenstern, Eugen Roth und Heinz Erhardt, notfalls noch Otto, gar nicht zu erklären. Und genau in die Herzen sollen die nachfolgenden Verse fließen, weil der Dichtersohn obiger Väter es für möglich hält, daß sich dann die Leser mit einem ganz tollen Bridge-Gefühl an den nächsten Tisch setzen werden:

Am Anfang war es nur ein Spiel
Und hatte das erklärte Ziel,
Den Gegner an den Tisch zu locken,
Um ihn gehörig abzuzocken,
Und, wie bei Whist, Skat oder Poker,
Beim Rummy (mit und ohne Joker)
Ihm abzunehmen nur das Eine:
Seine Scheine.

Dann wurde ziemlich bald entdeckt,
Daß da bei weitem mehr drin steckt,
Und allenthalben auf der Welt
Verlor den ersten Rang das Geld;
Vielmehr entstand das kühne Wort:
Bridge ist ein reiner Geistessport,
Bei dem man Eins braucht: der Gehirne
Helle Birne.

Und schon erfanden Pioniere
Erst Team- und später Paarturniere,
Zu fördern diese – wie es schien –
So schöne Geistesdisziplin,
Als Wettkampf zwischen hellen Köpfen,
Ohne sich »Mäuse« abzuknöpfen:
Sportlich und fair, ästhetisch, ethisch –
Theoretisch.

Denn allzu schnell entstand die Praxis
Auf diesem Staubkorn der Galaxis:
Statt fairem Wettstreit, Sport und Kampf
War Bridge ein Überlebens-Krampf:
Der Partner – was für ein Idiot –
Spielt mir die schönsten Hände tot;
Wann lernt denn diese Spreu vom Weizen
Richtig reizen?

Und erst die Gegner, Großer Gott!,
Verdienen höchstens Hohn und Spott,
So sehr hat mich das angeödet,
Die spielen ja total verblödet!
(Als ich den Fallstrick ausgelegt,
Hat Ost nicht mal Verdacht gehegt!
Die Perle war, trotz meiner Schläue,
Für die Säue!)

Mit *dieser* Partner-, Gegnerhaltung
Und Bridge-Persönlichkeitsentfaltung
Solltest Du Kreuzworträtsel lösen
Und ganz alleine für Dich dösen:
Bridge ist nun mal kein Ego-Trip
Wie Schach. Ich sag' es klar und klipp:
Beim Bridge steht für Geballte Kraft:
DIE PARTNERSCHAFT.

DER PARTNER, gleich ob gut, ob schlecht
Die letzte Hand, hat immer recht,
Denn schließlich hat er was gedacht
Und nach dem Denken was gemacht.
Vielleicht war's nicht von letzter Feinheit,
Das ist doch wurscht. In einer Einheit
Steh' ich – nach außen – ihm zur Seite
In der Pleite.

Ich werde nicht, nach lautem Stöhnen,
Den Partner hier am Tisch verhöhnen,
Um MICH, durch Schimpfen und durch Toben,
Auf SEINE Kosten hochzuloben
(DAS ist das einzige Motiv,
Wenn mal was nicht nach Wunsch verlief).
Nein – ich versuche sein »Vergehen«
Zu verstehen.

Und erst die GEGNER, links und rechts,
Weiblich – und männlichen Geschlechts,
Im Tee-Shirt, Jeans und unrasiert,
Oder krawatten-, schmuck-»blasiert«?
Sind wir nicht in derselben Lobby?
Bridge ist doch unser aller Hobby!
Der Gegner, auch wenn's anders scheint,
Ist nie Dein Feind!

Und falls er mal die Form verletzt,
Sich ohne Grußwort einfach setzt
Und mürrisch, stinkig sich verhält:
Du liebe Zeit, in aller Welt!
Sei doch nicht gleich so unversöhnlich,
Der meint es doch ganz unpersönlich:
Der wälzt noch immer, im Verstand,
Die letzte Hand!

Und wenn der Gegner Dich besiegt
Und einen Sackvoll Punkte kriegt,
Sollst Du ihm das nicht laut mißgönnen.
Wer spielt, muß auch verlieren können.
Verzeih, wenn ich so deutlich sage:
Sei GROSS in Deiner Niederlage,
Dein Zorn, verständlich, aber kleinlich,
Wirkt nur peinlich.

Und umgekehrt – im Siegesfalle,
Den wünschen wir uns schließlich alle,
Reagiere klug und weise,
Triumphiere stumm bis leise;
Während Du noch sitzst vor Ort,
Sag am besten gar kein Wort,
Gib möglichst keinen Senf dazu:
Laß ihn in Ruh'!

Und noch Eins scheint mir äußerst wichtig:
Vielleicht lief mal was nicht ganz richtig,
Revoke, Falschausspiel, und so weiter:
Dann ruft man vom Turnier den Leiter.
Der Ruf nach ihm ist keine Schande
Wie viele glauben hierzulande:
Sein Richterspruch bedeutet nicht:
Du Bösewicht!

Jetzt reicht's aber. Aus und erledigt
Ist die Moral-Gardinenpredigt,
Mit einem tollen Bridge-Gefühl
Stürzen wir mitten ins Gewühl.
Von jetzt an geht es um die nackten
Konkreten und abstrakten Fakten,
Und Du gewinnst, wenn's bei Dir funkte,
Viele Punkte.

KAPITEL 2

Beim Bridge ist's wie im wahren Leben: Der Arme hat nichts zu vergeben, doch Sicherheit braucht jeder Reiche, damit der Reichtum nicht entweiche.

(Alleinspiel: Sicherheitsspiele)

Der Wermutbruder, der von der Hand in den Mund lebt, ist auf das angewiesen, was er in dieser Hand hält und braucht sich keine Sorgen darüber zu machen, daß ihm das Wenige, was er hat, auf dem Weg von der Hand in den Mund womöglich gestohlen wird oder sonstwie abhanden kommt. Er hat nichts, was sich zu versichern lohnte. Außerdem hat er keinen Pfennig, um eine Versicherungsprämie zu zahlen.

Der Alleinspieler, der sich vor die Aufgabe gestellt sieht, einen nahezu hoffnungslosen Kontrakt zu erfüllen, ist in einer ähnlichen Situation. Er wird die einzige Möglichkeit, und sei sie auch noch so gering, ergreifen und keinen Gedanken an ein Sicherheitsspiel verschwenden:

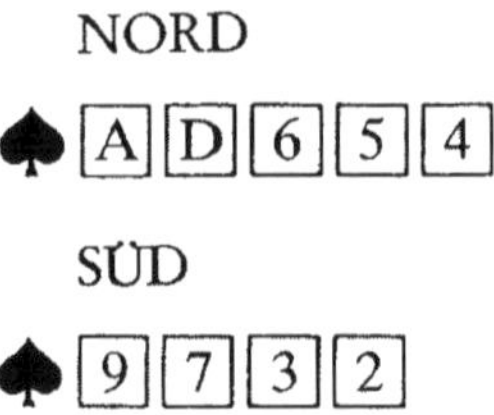

Nord ist Alleinspieler in Vier Pik. Die Gegner haben schon drei Stiche in den Nebenfarben abkassiert. Nord darf also keinen Stich mehr verlieren. Seine einzige Chance besteht darin, daß der Pik König zu zweit bei West steht. Er wird deshalb vom Tisch aus Pik spielen und aus der Hand die Dame einsetzen. Wenn die den Stich gewinnt, wird er das As abziehen und beten, daß rechts der König und links der Bube erscheinen.

Oder:

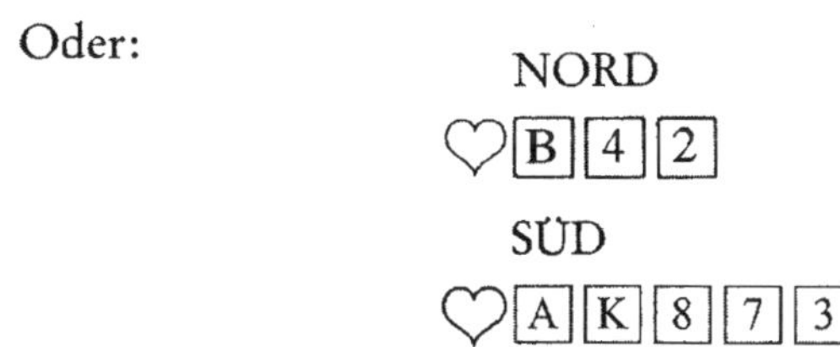

Nord-Süd haben in einem Anfall von Größenwahn Sieben Coeur gereizt, wobei Nord die Qualität seiner Trumpfunterstützung offenbar überschätzt hat. So was kommt gelegentlich vor. Süd wird entweder fluchen oder beten. Anschließend wird er Coeur As und König abziehen, in der vagen Hoffnung, die double Dame links oder rechts zu Fall zu bringen. Das ist seine einzige Chance.

Der Reiche, der sein Vermögen besitzt und verwaltet, hat da viel größere Sorgen. Er wird in aller Regel versuchen, seine Vermögenswerte gegen Brand, Einbruch, Hagelschlag, Termiten und jede andere denkbare Unbill widriger Zeitläufte zu versichern, so gut es irgend geht. Wenn er seiner Familie und seinen Erben gegenüber nicht gänzlich verantwortungslos sein will, wird er einen kleinen Teil seines Geldes als Versicherungsprämie opfern, um im Schadensfall nicht einen ungleich höheren Verlust zu erleiden.

Der Alleinspieler, der aufgrund seiner sehr guten Karten aus dem Überfluß schöpfen zu können glaubt, befindet sich in einer ganz ähnlichen Lage wie der Reiche. Er muß sich bei der Anfertigung seines Spielplans unter anderem die Frage stellen: kann ich mich auch gegen eine schlechtestmögliche, ungünstigste Verteilung der gegnerischen Karten schützen (= absolutes Sicherheitsspiel), bzw. muß ich mich gegen eine solche widrige Verteilung gar durch Verzicht auf einen Stich (Versicherungsprämie) versichern (= relatives Sicherheitsspiel)?

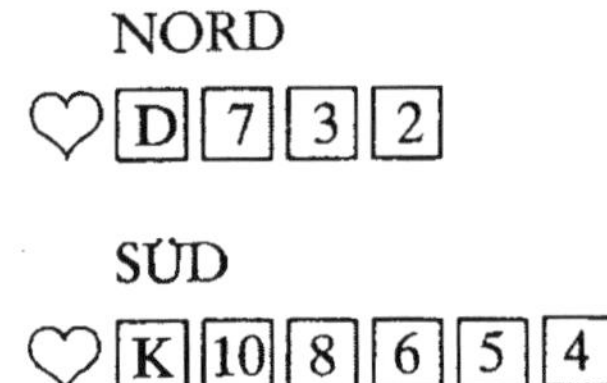

Süd ist Alleinspieler in Sechs Coeur. In den anderen Farben sind Nord/Süd absolut dicht, und das einzige Problem für Süd besteht darin, nur einen Coeur-Stich, nämlich an das gegnerische Trumpf As, zu verlieren. Die Behandlung der Coeurfarbe sollte der Südspieler nicht auf die leichte Schulter nehmen, sondern zum Gegenstand gewissenhafter und systematischer Überlegungen machen. Jawohl, systematisch! Das System, das allen reichen Alleinspielern hier nahegebracht werden soll, sieht so aus:

1. Ich besitze zehn Trümpfe, bin also sehr reich.
2. Die vereinigten Gegner besitzen »nur« drei Trümpfe.
3. Diese drei Trümpfe sind aber, ganz präzise, das As, der Bube und die Neun.
4. Wenn die gegnerischen Trümpfe im Verhältnis 2:1 oder 1:2 verteilt sind, kann mir auch bei sorglosem Spiel nichts passieren. Wenn aber die drei Trümpfe in einer Gegnerhand sitzen (0:3 oder 3:0), dann droht mir Gefahr:
   a) sitzen A, B und 9 bei West (links), dann muß ich leider zwei Coeurstiche verlieren und habe Pech gehabt, wie alle anderen Südspieler, *aber*
   b) sitzen As, Bube und Neun bei Ost, kann ich mich mit absoluter Sicherheit davor schützen, zwei Coeurstiche zu verlieren. Ich brauche ja doch nur die Dame des Tisches zu spielen: Wenn Ost mit dem As nimmt und West kein Coeur bedient, habe ich anschließend mit K 10 in der Hand die Schere, mit der ich gegen B 9 schneiden kann.

Der skeptische Leser wird es vielleicht nicht glauben, aber in dieser Hand, die vor kurzem bei einem großen Paarturnier vorkam, gingen überraschend viele Südspieler, selbst einige sogenannte Experten von eigenen Gnaden, einmal down, weil sie sich keine systematischen Sicherheitsgedanken gemacht hatten: sie spielten vom Tisch klein Coeur, und als bei Ost die Neun erschien, wußten sie nicht, was sie aus der Hand spielen sollten. Sie wählten den König und verloren diese »unverlierbare« Hand.

Wir sind Alleinspieler in Vier Pik und besitzen diese Trumpfausrüstung:

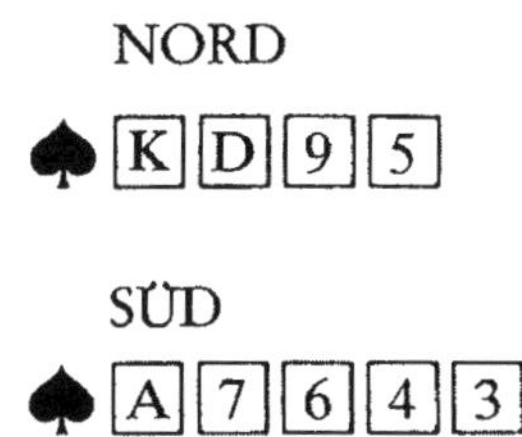

Wir dürfen oder wollen keinen Pikstich verlieren. Wieder denken wir, bitte, ganz systematisch, anstatt einfach drauflos zuspielen:

1. Wir besitzen neun Atouts mit A, K und D an der Spitze, sind also sehr reich.
2. Die Gegner haben insgesamt vier Pikkarten.
3. Diese vier Karten sind exakt B, 10, 8 und 2.
4. Wenn sie 3:1, 1:3 oder 2:2 verteilt sind, kann uns auch bei sorglosem Spiel ohne Sicherheitsdenken nichts passieren. Wenn aber alle vier Trümpfe in einer Hand sitzen (0:4, 4:0), droht Gefahr:
   a) sitzen sie alle vier bei Ost (rechts), dann können wir leider einen Verluststich nicht vermeiden, wie alle anderen Südspieler.
   b) Sitzen sie aber alle vier bei West, dann wird doch die Neun des Tisches zu einer ganz wichtigen Karte: zusammen mit König und Dame bildet sie eine Doppelschere, mit der wir von der Hand aus *zweimal* gegen B, 10, 8 bei West schneiden könnten. Logischerweise spielen wir deshalb Pik As aus der Hand ab, stellen mit Genugtuung fest, daß von West die Pik 2 und von Ost ein kleines Karo auftauchen, und schneiden dem hilflosen Westspieler die restlichen drei Trümpfe heraus.

»Aber man soll doch als erstes in Richtung auf diejenige Hand spielen, die zwei Figuren hat«, wird oft von Süd gestöhnt, wenn er in dieser Hand einen Pikstich an West verloren hat. Süd hat hier leider unrecht und erntet vom Partner bestenfalls ein mitleidiges Lächeln, wenn er sich über sein ewiges Pech beklagt, weil alle vier Piks bei West standen. Pech buchstabiert man in diesem Fall mit n-i-c-h-t d-e-n-k-e-n. Wir sollten überhaupt allmählich ein abgrundtiefes Mißtrauen gegen alle Sätze entwickeln, die mit »aber man soll doch...« anfangen. Wir sind inzwischen gut genug, um jede Art verblendeten, dogmatischen »Denkens« durch echtes, systematisches Denken zu ersetzen.

Versuchen wir uns deshalb ganz systematisch an diesem:

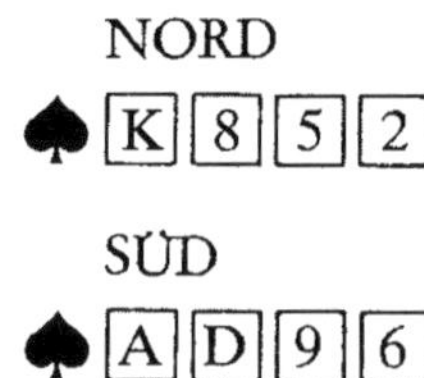

Pik ist Trumpf, und wir dürfen oder wollen in dieser Farbe möglichst keinen Stich verlieren. Auf das As fällt von Ost die Zehn, von West die Drei. Wie sind die weiteren Überlegungen?

1. Wir hatten ursprünglich acht Karten in Pik.
2. Ost-West hatten fünf.
3. Diese fünf sind, ganz genau, Bube, Zehn, Sieben, Vier und Drei.
4. Wenn sie ursprünglich 3:2 oder 2:3 verteilt waren, kann uns auch bei sorglosem unversichertem Spiel nichts passieren.
5. Wenn sie aber ursprünglich 4 (West) : 1 (Ost) standen, müssen wir uns (ohne Prämie) versichern. Bei Ost können die drei restlichen Pikkarten Bube, Sieben und Vier nicht sein, denn dann wäre Osts Pik Zehn im ersten Stich eine idiotische Karte gewesen und Ost ist, wie wir wissen, kein Idiot.

Wir spielen deshalb zum zweiten Pikstich auch die Dame aus der Hand ab. Wenn Ost nicht mehr bedient, impassieren wir anschließend gegen Bube, Sieben zu K 8 des Tisches.

Und hier ein letztes absolutes Sicherheitsspiel, bei dem wir noch sorgfältiger, noch systematischer denken müssen als bei den vorangegangenen Beispielen:

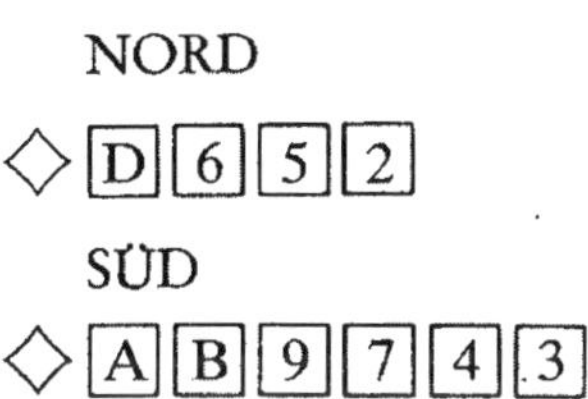

Süd ist Alleinspieler in Sechs Karo. Der Gegner hat in einer anderen Farbe bereits einen Stich ergattert. Süd darf also keinen Karostich verlieren. Wie sind seine Überlegungen?

1. Wir besitzen zehn Karos, sind also verhältnismäßig reich.
2. Die Gegner besitzen drei Karokarten.
3. Diese sind, ganz präzise, K, 10 und 8.
4. Mit zehn Karten ist es die weitaus bessere Chance, gegen den König bei Ost zu schneiden, als etwa das As zu schlagen und auf den blanken König bei West zu hoffen (13%). Für den Karo-Schnitt spricht also das prozentuale Verhältnis 50:13 (falls Karo-König double oder zu dritt hinter dem As steht, müssen wir sowieso down gehen, deshalb können wir das außerachtlassen).
5. So. Nachdem wir uns also dazu entschlossen haben, auf jeden Fall den Karo-Schnitt gegen Ost zu spielen, überlegen wir weiter: was ist denn, wenn Ost alle drei Karos (K, 10 und 8) hat? Falls wir vom Tisch klein Karo spielen und aus der Hand den Buben einsetzen – nein! Dann gehen wir ja down, weil Ost jetzt noch König und 10 hinter der leeren Dame des Tisches und vor dem leeren As der Hand hat. Es wäre aber töricht, als allererstes den Tiefschnitt zur Neun der Hand zu machen, weil dann womöglich die blanke Zehn bei West den Stich gewinnt. Na?

Richtig! Wenn wir vom Tisch als erstes die Karo-Dame vorlegen, kann uns nichts passieren, falls Ost alle drei Karos hat. Wenn er die Dame mit seinem König deckt und West nicht bedient, gehen wir in einer anderen

Farbe an den Tisch zurück und impassieren von dort durch 10, 8 in Richtung auf B, 9 der Hand.

Zusammenfassend soll nach diesen Beispielen für absolutes Sicherheitsspiel noch einmal betont werden: wenn wir reich sind, müssen wir pessimistisch sein und den ungünstigsten Kartenstand annehmen. Wenn wir bei unseren pessimistischen Überlegungen zu dem Schluß kommen, daß wir uns gegen den ungünstigsten Kartenstand auf der einen Seite nicht schützen können, wohl aber gegen die andere Seite, dann werden wir entsprechend spielen. Voraussetzung ist aber – wirklich –, daß wir die ganze Sache sorgfältig und systematisch durchdacht haben, bevor wir zu spielen anfangen, denn

SICHERHEIT BRAUCHT JEDER REICHE,
DASS DER REICHTUM NICHT ENTWEICHE!

KAPITEL 3

Die Sicherheit, die Absolute, kommt ohne Prämie Dir zugute. Die Relative kostet Dich mitunter leider einen Stich.

Erinnern wir uns des armen Schluckers, der mit

A D 6 5 4

gegenüber

9 7 3 2

keinen Stich verlieren durfte. Er mußte den Schnitt zur Dame machen und hoffen bzw. beten.

Nehmen wir an, wir seien etwas reicher in Gestalt der Trumpf Zehn:

A D 10 6 4

gegenüber

9 7 3 2

und wir können es uns leisten, einen Stich in dieser Farbe zu verlieren, keinesfalls aber zwei. Dies ist das klassischste aller Beispiele für relatives Sicherheitsspiel. Wenn wir mit dieser Trumpfhaltung klein zur Dame spielen, kann es passieren, daß Ost mit dem König gewinnt. Später spielen wir noch einmal klein in Richtung auf A 10 des Tisches. Von West erscheint die Acht. Was tun? Wer hat diesen Malefiz-Buben, West oder Ost? Sitzt er bei West, müssen wir schneiden, sitzt er dagegen bei Ost, müssen wir das As einsetzen. Wenn wir es jetzt falsch machen, haben wir zwei Stiche in dieser Farbe verloren. Eine schreckliche Vorstellung. Und in fünfzig Prozent der Fälle *werden* wir es jetzt falsch machen. Diese unerquickliche Situation hätten wir vermeiden können, wenn wir als allererstes in dieser Farbe einfach mal das As hingelegt hätten, bzw. – besser – klein von der Südhand gespielt, und bei Erscheinen von König, Acht oder Fünf bei West von Nord das As eingesetzt hätten. Nur wenn bei West der Bube erscheint, geben wir von Nord die Dame, denn um den Buben geht ja das ganze Theater. Nachdem wir also in den drei anderen Fällen (König, Acht oder Fünf von West) das As eingesetzt haben, gehen wir in einer anderen Farbe in die Südhand zurück und spielen nun klein in Richtung auf die Dame. Bei dieser Spielweise verlieren wir mit Sicherheit nur einen Stich in dieser Farbe, außer König und Bube sitzen zu dritt oder zu viert hinter A D 10, aber in diesen beiden Fällen verliert man bei jeder Spielweise zwei Stiche. Bei jedem anderen Kartenstand aber haben wir uns durch dieses relative Sicherheitsspiel die unerquickliche Situation erspart, in der wir mit feuchten Händen dasaßen und nicht wußten, ob wir schneiden oder schlagen sollen, Sie erinnern sich. Um Ihnen das mal ganz plastisch vor Augen zu führen, sind nachstehend – systematisch – alle Verteilungsmöglichkeiten der vier ausstehenden Trumpfkarten in diesem Klassiker aufgeführt:

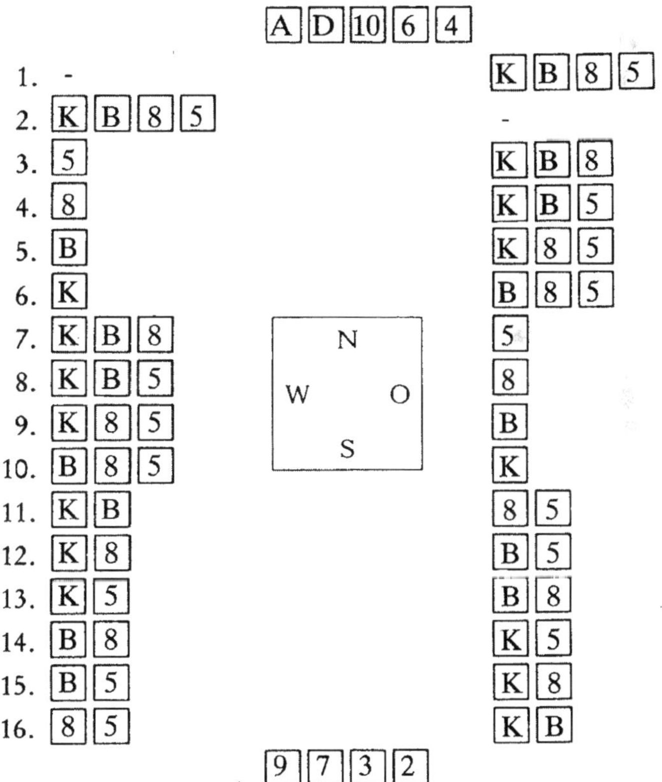

In den Fällen 1, 3 und 4 müssen wir leider zwei Stiche verlieren, da hilft kein Heilmittel. In den Fällen 12 und 13 kämen wir mit Null Verluststichen davon, wenn wir nicht das relative Sicherheitsspiel anwenden, sondern die Dame des Tisches einsetzen. In allen anderen Fällen kommen wir mit einem Verluststich davon, weil wir uns gegen unser eigenes falsches Raten versichert haben.

Und im Fall Nr. 10, hurra!, kommen wir sogar ohne Verluststich davon, *weil* wir das relative Sicherheitsspiel angewandt haben. (In den Fällen 5 und 11 erscheint ja von West der Bube, so daß wir auch hier nicht falsch raten können, indem wir vom Tisch die Dame geben. Es empfiehlt sich dringend, dieses relative Sicherheitsspiel, das in zwei Fällen (12 und

13) einen Stich kostet, auch im Paarturnier anzuwenden, zumal der Fall 10 als Goldener Schuß und Belohnung für gutes Bridgespiel winkt. Im Teamturnier und beim Rubber-Bridge wird das relative Sicherheitsspiel, das möglicherweise einen Stich als Prämie kostet, ohnehin von jedem verantwortungsvollen Alleinspieler angewandt. Bevor wir näher auf den Gegensatz Paarturnier-Team/Rubber eingehen, sehen wir uns doch noch mal die zweite Wermutbruder-Hand aus dem ersten Kapitel an. Da waren Nord-Süd mit dieser Trumpfhaltung

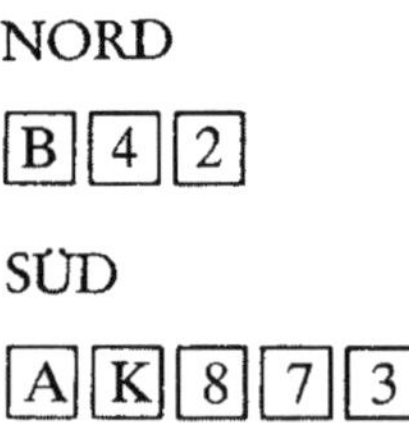

in den närrischen Groß-Schlemm geraten und hatten gar keine andere Wahl, als As, König abzuspielen und auf die double Dame zu hoffen.

Nehmen wir nun aber mal an, wir seien mit dieser Hand vernünftigerweise nur in Klein-Schlemm, wo wir ja bekanntlich einen Stich verlieren dürfen. Wir schlagen das As, und von einem der beiden Gegner erscheint die Neun oder die Zehn. Wie geht's weiter, oder, besser, was überlegen wir jetzt?

Diesmal sind wir nicht so arm und können Sicherheitsüberlegungen anstellen: Was ist denn, wenn jetzt die restlichen drei Atouts D 10 6 bzw. D 9 6 in *einer* Gegnerhand stehen? Dann müßten wir doch, gleichgültig in welcher Hand sie sich befinden, zwei Stiche verlieren, wenn wir als nächstes den König abziehen:

a) alle drei bei West

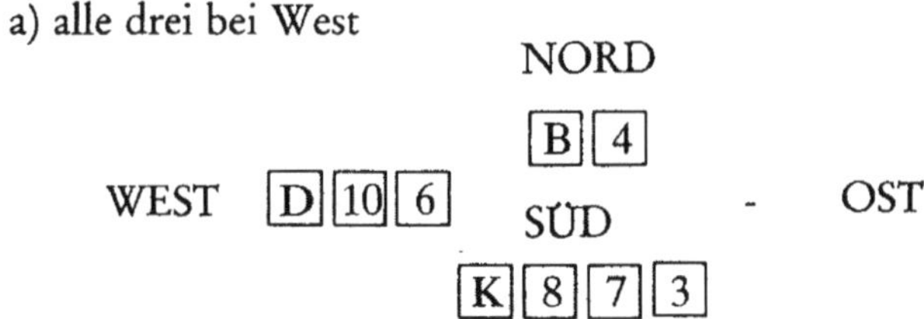

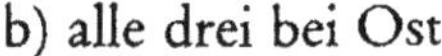
b) alle drei bei Ost

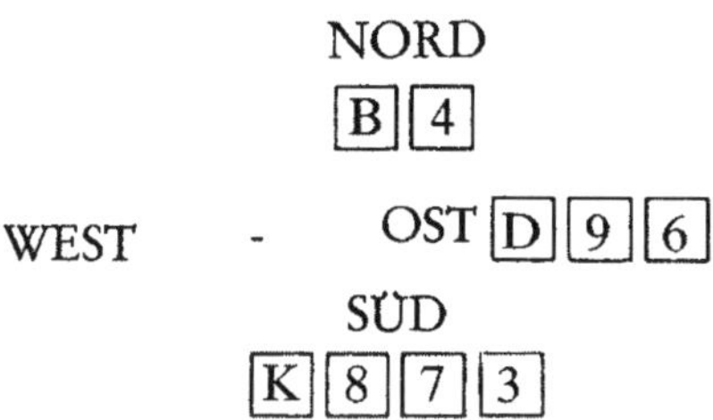

Sehen Sie selbst: dadurch, daß wir den König abziehen, stellen wir den Buben am Tisch blank, so daß der arme Kerl genau so wenig wert ist wie eine 2: im dritten Stich fällt er unter die Dame, und 10 oder 9 der West- oder Osthand macht dann auch noch den zweiten, tödlichen Stich in Trumpf. Das (relative) Sicherheitsspiel, das in dieser Situation auch im Paarturnier empfehlenswert ist, besteht darin, daß man zum zweiten Stich in dieser Farbe klein von der Südhand in Richtung auf B 4 des Tisches spielt:

a)

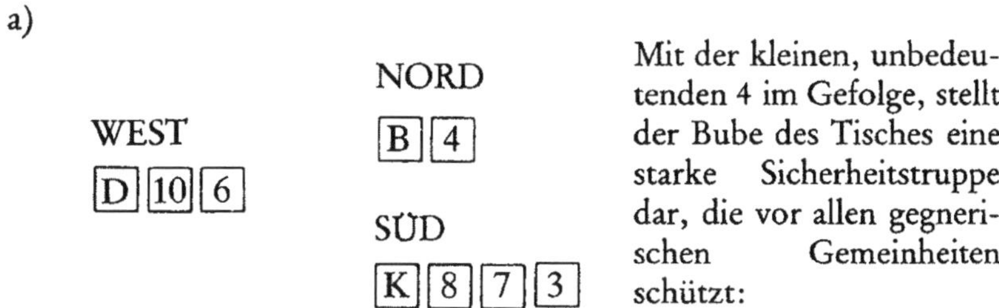

Mit der kleinen, unbedeutenden 4 im Gefolge, stellt der Bube des Tisches eine starke Sicherheitstruppe dar, die vor allen gegnerischen Gemeinheiten schützt:

Wenn West die Dame einsetzt, ist das der einzige Stich, den er gewinnen kann; anschließend werden erst Bube und dann König benützt, um die restlichen beiden Trümpfe abzuziehen. Gibt West dagegen klein oder die 10, wird am Tisch der Bube bemüht. Wieder kann West nur einen Stich erzielen.

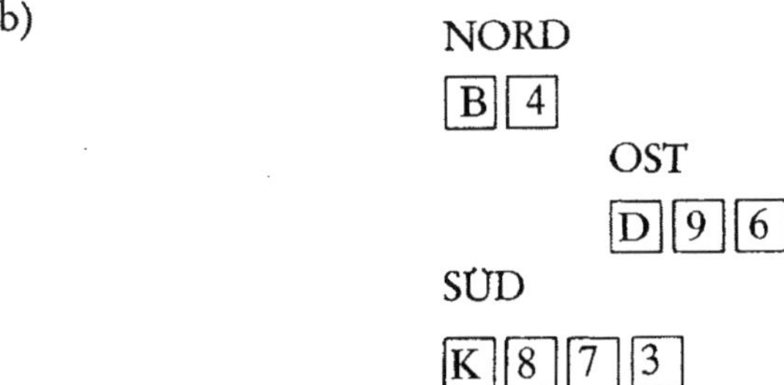

Wieder spielen wir klein von Süd in Richtung Norden: West bedient nicht. Wir klopfen uns selbst in Gedanken auf die Schulter für unser Sicherheitsspiel und setzen am Tisch den Buben ein, den Ost bereits zähneknirschend mit der Dame übernimmt, denn er weiß, daß nun seine verbleibenden Trümpfe 9 und 6 durch die Schere K 8 der Südhand herausgeschnitten werden.

Dieses Sicherheitsspiel ist auch ein relatives, denn es kann möglicherweise einen Stich als Versicherungsprämie kosten. nämlich dann, wenn die Dame ursprünglich zu zweit stand. Wenn hier beim Paarturnier einige Südspieler alle dreizehn Stiche erzielen, weil sie ohne Sicherheitsdenken Kopf und Kragen riskiert haben, sollte man diese Spieler eher bedauern als beneiden, denn, auf die Dauer gesehen, haben sie das schlechtere Ende der Wurst gewählt.

Auch wenn in dieser Hand beim Abziehen des ersten Trumpfstiches weder 10 noch 9 erscheinen, also links die 5 und rechts die 6 zugegeben werden, sollte man das Sicherheitsspiel (klein von der Südhand in Richtung B 4 des Tisches) anwenden, denn falls die verbleibenden drei Atouts D 10 9 bei West stehen, gewinnen wir noch immer den Kontrakt. Stehen sie dagegen bei Ost, müssen wir leider down gehen. Hätte Ost womöglich die Dummheit begangen, mit ursprünglich D 10 9 6 den Endkontrakt von 6 Coeur zu kontrieren, dann hätten wir ganz anders spielen müssen, aber das steht hier nicht zur Debatte.

Der Unterschied zwischen dem systematisch auffindbaren, absoluten Sicherheitsspiel und dem ebenfalls systematisch erfaßbaren relativen Sicherheitsspiel ist uns nun klar und kann seinem Wesen nach hier noch einmal poetisch wiederholt werden:

DIE SICHERHEIT, DIE ABSOLUTE,
KOMMT OHNE PRÄMIE DIR ZUGUTE;

DIE RELATIVE KOSTET DICH
MITUNTER LEIDER EINEN STICH.

KAPITEL 4

Spielst Team Du, oder um viel Geld: *Erfüll*, um alles in der Welt! Beim Paarturnier, da fragst du Dich: Wie wichtig ist der Überstich?

Es ist nun an der Zeit, ein paar passende Worte zu dem Gegensatz

Hie Paarturnier – Da Rubber-Bridge/Teamturnier

zu sagen. Beim Geldbridge und Teamturnier kommt es in allererster Linie darauf an, den gereizten Kontrakt zu erfüllen. Der Überstich zählt im Vergleich mit dem Bonus für den erfüllten Kontrakt oder Schlemm so gut wie gar nichts. Deshalb wird man in der freien Partie und im Teamkampf jede Art und Form des Sicherheitsspiels anwenden: das absolute sowieso, aber auch das relative, d.h. ein Sicherheitsspiel, bei dem man als Versicherungsprämie einen Stich einzahlt, den man unter günstigen oder normalen Umständen nicht hätte verlieren müssen:

TEAMTURNIER ODER RUBBER-BRIDGE

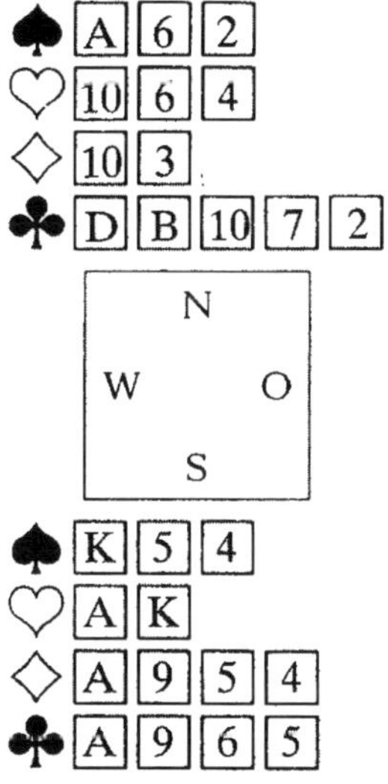

Süd ist Alleinspieler in 3 SA und erhält den Angriff Coeur Dame. Er macht seinen Spielplan und zählt: zwei Pikstiche, zwei Coeurstiche, ein Karostich sind zusammen fünf. Er benötigt also vier Treffstiche, um den sehr vernünftigen Kontrakt zu erfüllen. Süd wird deshalb nicht einmal einen halben Gedanken daran verschwenden, hier etwa alle fünf Treffstiche machen zu wollen, indem er mit dem Pik As an den Tisch klettert, um den Treff-Schnitt gegen den König bei Ost zu probieren. Damit würde er nämlich den unverlierbaren Kontrakt auf's Spiel setzen, falls West Treff König zu viert hat und erst in der dritten Treffrunde einsetzt: Süd macht plötzlich nur noch drei Treffstiche, weil er seinen einzigen Übergang zum Tisch (Pik As) frühzeitig vergeudet hat. Ein teures Unternehmen, für einen eventuellen Überstich (+30) das Volle Spiel (+400 bzw. +600) zu riskieren, nicht wahr? Nein, nein, beim Teamkampf oder in der Geldpartie spielt Süd zum zweiten Stich Treff As ab und setzt mit Treff fort, bis der König von einem der Gegner eingesetzt wird. Wenn das erst in der vierten Treffrunde der Fall ist, kann Süd anschließend mit Pik As den Tisch erreichen, um dort das verbleibende Treff als neunten Stich zu kassieren und den Kontrakt SICHER zu erfüllen.

---

s. Anhang, S. 203

Im Paarturnier sieht das dagegen alles etwas anders aus. Hier ist durch die Art der Bewertung, bei der alle im Saal erzielten Nord-Süd-Ergebnisse miteinander verglichen werden und der absolute Score von +400 oder +600 unter Umständen überhaupt nichts zählt, wenn alle anderen Paare mit dieser Hand +430 oder +630 schreiben, eine grundlegende Änderung der Strategie, ja, der gesamten Alleinspieler-Philosophie eingeführt worden. Ob das gut oder schlecht ist, sei dahingestellt. Eine große Zahl von wirklich guten Bridgespielern finden die Herausforderung des Paarturniers prima, andere beklagen sich oft darüber, daß das Paarturnier nur noch eine hybride Form des ursprünglichen Bridgespiels ist, weil man allzu oft wider besseres Wissen eine technisch schlechtere Spielweise oder einen technisch schlechteren Kontrakt wählen muß, um »bei den Leuten« zu sein:

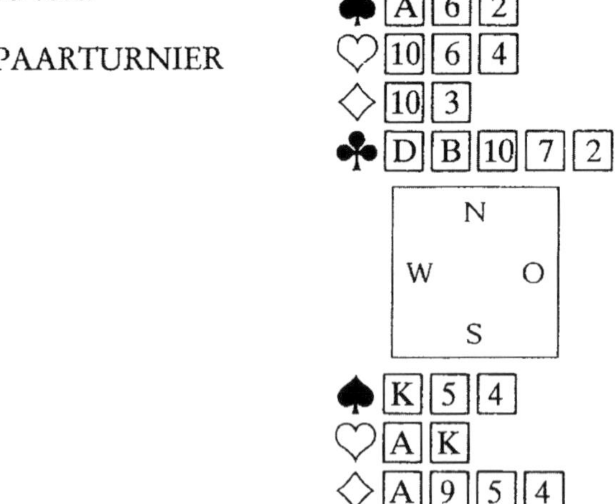

Die Hand dürfte uns nicht ganz unbekannt sein, denn wir haben sie vor fünf Minuten noch im Teamkampf oder um viel Geld erfüllt. Jetzt spielen wir aber Paarturnier, wo alles ganz anders ist. Wenn der Rest oder der überwiegend große Teil des Teilnehmerfeldes mit dieser Hand auf Nord-Süd zehn Stiche macht (+430 bzw. +630) und wir nur neun (400 bzw. 600), obwohl oder weil wir hier das relative Sicherheitsspiel angewandt haben, dann bekommen wir Null oder sehr wenige Match-Punkte.

Nichts muß man aber im Paarturnier mehr fürchten als eine Null oder Beinahe-Null.

Allen geschätzten Lesern, die sich bisher gedanklich noch nicht eingehend mit dem Unterschied Paarturnier – Teamturnier auseinandergesetzt haben, und das ist nach positiver Kenntnis (durch Befragung) des Verfassers die überwältigende Mehrheit der sogenannten »kleinen« oder, im Gegensatz zu den Turnier-Haifischen, der »netten« Spieler, denen seine Sympathie gehört, sei deshalb folgende dringende Empfehlung für Paarturniere nahegelegt:

Bei der Anfertigung des Spielplans – den machen Sie ja inzwischen ausnahmslos alle, oder? – sollte man beim Paarturnier unter Punkt 1: Wieviele Stiche muß ich machen? folgende zusätzliche Überlegung anstellen:

1a) Wie ist die *Qualität* des Kontraktes, d.h. ist es ein Kontrakt, den die Mehrheit der anderen Paare auf meiner Linie auch ausgereizt haben, oder ist es vielleicht ein etwas kühner Kontrakt, aus dem die meisten Konkurrenten vorsichtshalber draußen geblieben sind?

Beim obigen Beispiel fällt die Antwort auf Frage 1a) ziemlich eindeutig aus: mit 25 Punkte in der kombinierten Nord-Süd-Hand und einer recht stabilen Fünferfarbe sind 98 Prozent der Konkurrenz ebenfalls in 3 SA gelandet. Es ist also im wahrsten Sinn des Wortes ein Allerweltskontrakt. So, und nun überlegen wir weiter: Wenn hier praktisch alle anderen Südspieler 3 SA spielen, dann werden die meisten von ihnen die prozentualen Chancen für einen Überstich und die drohende Gefahr abwägen, ungünstigenfalls down zu gehen. Und deshalb heule ich hier mit den Wölfen und mache das gleiche. Mir ist zwar klar: wenn ich frühzeitig das Pik As dazu verwende, um den Treffschnitt gegen Ost zu spielen, riskiere ich den ganzen Kontrakt, falls West den vierten Treff König haben sollte, aber wie groß sind denn eigentlich die Chancen für eine derartig entsetzliche Verteilung? Die Antwort lautet:

die westliche Hälfte von 12,5% = 6,25%

Und aus diesem prozentual recht triftigen Grund werden wir im Paarturnier von dem relativen Sicherheitsspiel Abstand nehmen und den Treffschnitt probieren. Sitzt er (König bei Ost), befinden wir uns mit +430 bzw. +630 in allerbester Gesellschaft, und selbst wenn die zwar lächerlich geringen, aber bösartigen 6,25% eingetreten sind (K 8 4 3 bei West), werden wir mit −50 oder −100 bei weitem nicht allein dastehen.

Ein zweites Beispiel für das Dilemma, in dem sich selbst technisch gute Alleinspieler befinden können, stammt aus allerjüngster Vergangenheit. Bei der 1984er Offenen Paarmeisterschaft in Bad Wildungen – ein herrliches Turnier, bei dem Sie alle mal mitspielen sollten – hatte Süd folgendes Problem:

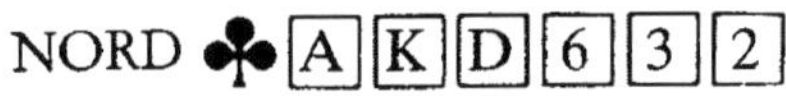

SÜD ♣ 5 4

Süd war Alleinspieler in 3 SA. Außer der gewaltigen Treffkeule hatte Nord nichts. Die kombinierten Nord-Süd-Hände besaßen 24 Punkte. Süd konnte es sich leisten, nach erfolgtem Angriff noch einmal an den Gegner auszusteigen, da alle anderen Farben in seiner Hand doppelt gedeckt waren. Im Teamturnier und beim Geldbridge gibt es überhaupt keine Frage: aus Sicherheitsgründen überläßt der Südspieler durch Ducken der Gegenseite einen Stich, für den Fall, daß das Treff-Bübel irgendwo zu viert sitzt. Beim Paarturnier wird's Süd übel, und er schwitzt: soll er technisch gut spielen und riskieren, einen Stich weniger zu machen, als alle anderen Südspieler, die zwar auch das Sicherheitsrisiko klar erkennen, sich aber dann doch für die 68%ige Chance des Treff-3:2-Standes der gegnerischen Karten entscheiden und nicht ducken? Mit dem Seufzer: »Meine Probleme möchte ich nicht haben!« (Antwort des reizenden Partners, Präsident K. Hanken: »Ach Quatsch, ohne Probleme wärst Du doch auch nicht zufrieden!«) nahm der Verfasser gleich den ersten Treffstich am Tisch mit und machte so wie die Mehrheit der Südspieler zehn Stiche, weil sich die Treffs manierlich verhielten. Eine ganze Reihe von namhaften Bridgespielern dagegen wählten das relative Sicherheitsspiel und hatten mit neun Stichen das Nachsehen.

Heißt das also, daß man im Paarturnier niemals das relative Sicherheitsspiel anwenden darf, das bei günstigem oder »normalem« Stand der gegnerischen Karten einen Versicherungsstich kostet? Nein, das heißt es natürlich nicht. Wenn wir bei der Qualitätsprüfung des Kontraktes zu dem sicheren Schluß gelangen: in *diesem* Kontrakt sind höchstens 30% der Konkurrenz! Der Rest des Feldes hat Angst und spielt einen Teilkontrakt!, dann werden wir auch im Paarturnier unseren Ehrgeiz darauf beschränken, den Kontrakt sicher nach Hause zu tragen und dafür sogar einen Versicherungsstich einzuzahlen. Beispiel:

REIZUNG:

SÜD	NORD
1 SA (12–14)	3 SA

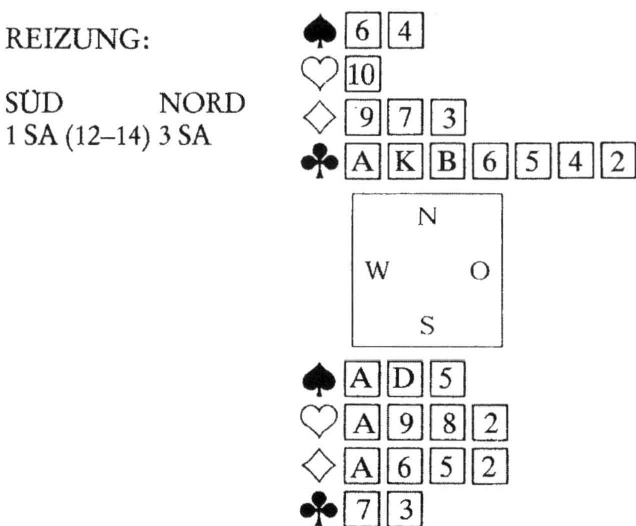

Nach Süds schwacher 1-SA-Eröffnung hat Nord, offenbar ein verhinderter Kamikazeflieger, das Gas voll reingeschoben – ob es ein Sturzflug ins Nichts oder ein Aufstieg zur Sonne wird, scheint ihm dabei ziemlich egal zu sein. West greift mit klein Pik an, Ost gibt den König und Süd macht – natürlich – seinen Spielplan:

1. Kontrakt = 3 SA, also müssen wir (mindestens) neun Stiche machen.
2. Sicher haben wir erst 2 Pik- und 2 Treffstiche, sowie je einen Coeur- und Karostich, macht zur Zeit 6 Stiche.
3. Die restlichen Stiche, nämlich vier oder fünf Stück, werden aus der mächtigen Trefflänge des Tisches erwachsen. Das wären zehn oder elf.

4. Ich werde also den ersten Stich mit Pik As gewinnen, zum zweiten Stich klein Treff aus der Hand spielen und wenn von West 8, 9 oder 10 erscheint, den Schnitt mit dem Buben versuchen. Falls die Dame bei Ost sitzt, kann der Pik zurückspielen, aber das kontrolliere ich ja noch einmal mit der Dame
5. Drohen diesem Spielplan irgendwelche Gefahren? Ja! Wenn nämlich West alle vier fehlenden Treffkarten (D 10 9 8) besitzt, darf ich den ersten Stich nicht mit dem Buben zu gewinnen versuchen, weil in diesem ungünstigen Fall der Tisch nur drei Treffstiche machen kann. In der vierten Treffrunde stoppt West jedes weitere Treffvergnügen. Eine Verbindung zum Tisch gibt's dann nicht mehr. Es ist zwar unwahrscheinlich, aber immerhin möglich, daß West alle vier Treffkarten hat. In diesem Fall müßte ich die erste Treffrunde am Tisch total abducken, dann macht der Tisch zwar nicht mehr sieben, aber immerhin noch sechs Treffstiche, was mir ingesamt zehn Stiche bringt. Kann ich mir das im Paarturnier leisten?

Dies ist der richtige Moment für die Qualitätsprüfung des Kontraktes. Also zurück zu Punkt

1a) Wie gut ist der Kontrakt? Sehr gut ist er, ein Riesenkontrakt, sozusagen. Wir haben in den vereinigten Händen nur 22 Punkte. Ich nehme an, daß nicht einmal die Hälfte der Nord-Süd-Konkurrenz in 3 SA gelandet ist. Der größere Rest des Feldes hat Angst und spielt wahrscheinlich einen Teilkontrakt in Treff, oder möglicherweise einen etwas kühnen Kontrakt von 5 Treff, der nicht ganz chancenlos ist, aber bei der Erfüllung nur +400 bringt. Wenn ich also aus Sicherheitsgründen »nur« zehn Stiche mache, gehöre ich mit +430 zu den Top Ten in diesem Turnier. Nur fallen darf ich unter keinen Umständen!

So, und nach diesen sorgfältigen Überlegungen werden wir den ersten Stich mit Pik As gewinnen, klein Treff aus der Hand spielen und am Tisch total abtauchen, ganz egal, welche Karte von West gespielt wird. Die ganze Hand:

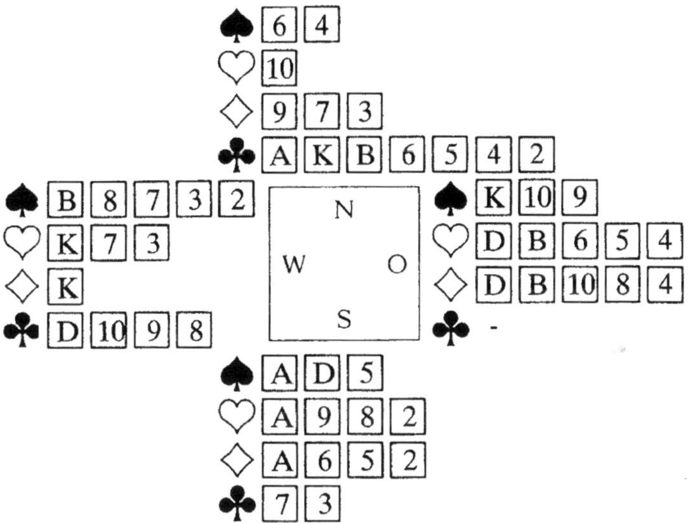

Wir sehen: falls der Alleinspieler zum zweiten Stich Treff spielt, bei West die Acht erscheint und am Tisch der Bube eingesetzt wird, macht der Tisch nur drei Treffstiche. Wird aber der erste Treffstich am Tisch geduckt, macht dieser später sechs Treffstiche. (Entschuldigung, liebe Südspieler, aber die Gelegenheit ist zu schön, hier der *Westspielerin* einen ganz heißen Tip für's Gegenspiel zu geben: Sie sind, liebe Westdame, die einzige am Tisch, die den totalen Durchblick hat, von Anfang an: Sie wissen, daß der Alleinspieler die restlichen beiden Treffkarten und Ihr Partner demzufolge keine einzige hat. Und Sie sehen ganz genau, daß der Tisch keinen Übergang mehr hat, wenn der Alleinspieler die erste Treffrunde nicht abduckt. Das sollte Ihnen ganz klar sein, schon einige Sekunden, bevor der Südspieler seinen Spielplan fertig durchdacht hat. Ihr ganzes Bestreben sollte sein, den Alleinspieler von diesem ersten Ducken abzubringen. Wenn er jetzt, mit Pik As in der Hand, ein kleines Treff produziert, legen Sie, liebe Westspielerin, mit leichter Hand und ohne sonderliche Hast oder Verzögerung die Treff DAME vor sich hin. Das könnte nämlich Süds Sicherheitsbedenken zerstreuen. Er könnte, und wird in vielen Fällen, vertrauensselig – »man gibt doch nicht freiwillig die Dame, wenn man vier Stück Treff hat« – den König vom Tisch einsetzen, statt auch die Dame abzuducken. Wenn dann Ost ein kleines Coeur oder Karo zugibt, entfährt Süd zweifellos ein obszönes Wort, aber in Ihren Ohren klingt es wie Engelsmusik.)

Hier noch ein abschließendes Beispiel für relatives Sicherheitsspiel. Zunächst sei einmal angenommen, wir seien mit einer Karohaltung wie dieser:

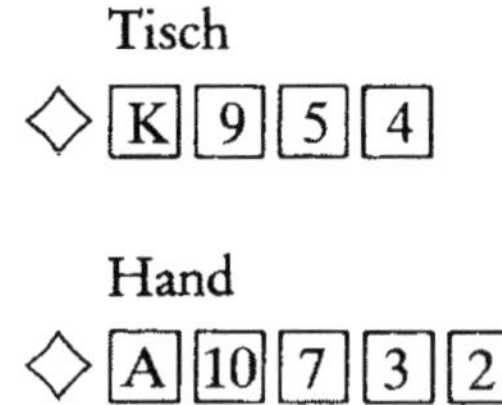

leichtsinnigerweise in Sieben Karo gelandet und müssen die Trümpfe ziehen. Naturgemäß dürfen wir keinen Karostich verlieren. Wir werden deshalb klein von Hand oder Tisch spielen. Wenn aus der zweiten Hand ein Karo erscheint, gleichgültig ob 6, 8 oder eine der beiden Figuren, setzen wir in der dritten Hand die Hochfigur As oder König ein, um von dort Karo weiterzuspielen. Wenn die Karos bei den Gegnern 2:2 verteilt waren, verlieren wir keinen Karostich. Auch wenn beim ersten Stich in der zweiten Hand die Dame oder der Bube auftaucht, können wir sogar gegen einen 3:1 Stand gewinnen, indem wir hoffen, daß diese Figur blank saß, und nun gegen die andere Hand auf die zweite Figur impassieren. Auf jeden Fall gehört eine ganze Portion Glück und/oder richtiges Raten dazu, hier keinen Karostich zu verlieren. Wir waren kontraktbezogen arm und konnten uns gar kein Sicherheitsspiel leisten.

Lassen Sie uns nun aber annehmen, der Endkontrakt mit derselben Karohaltung sei nicht Sieben, sondern nur Sechs Karo. Wir wollen diesen Kontrakt unbedingt gewinnen, also auch bei schlechtestem Stand der gegnerischen Karokarten (0:4 oder 4:0). Mit anderen Worten: wir sind durchaus bereit einen, keinesfalls aber zwei Stiche zu verlieren. Frage: ist das auch bei ungünstigster Verteilung

a)

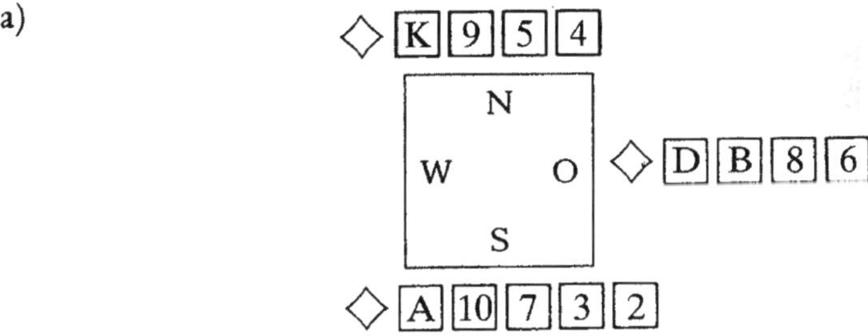

oder b)

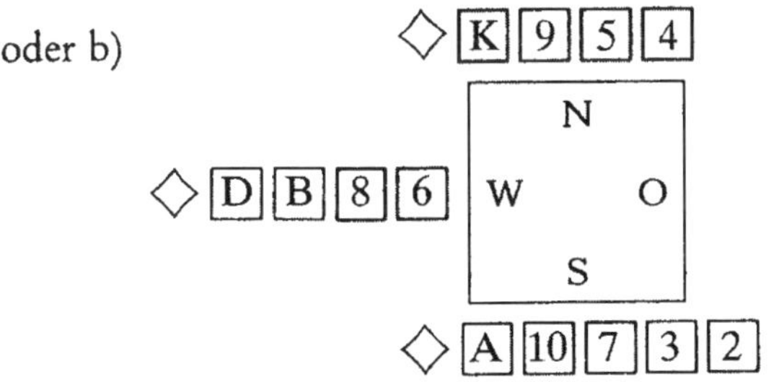

mit absoluter Sicherheit möglich, ohne daß der Alleinspieler von vornherein weiß, in welcher der beiden Gegnerhände die vier Trümpfe stehen? Antwort: Ja, das ist möglich, vorausgesetzt man spielt sicherheitsbewußt und sorgfältig.

Aber was ist denn, wird jetzt der eine oder andere Leser fragen, wenn man im Fall a) klein vom Tisch spielt, bei Ost die 6 oder 8 erscheint und von der Hand das As eingesetzt wird? Dann macht Ost doch zwei Karostiche? Oder was ist, wenn im Fall b) klein aus der Hand gespielt und am Tisch der König bemüht wird? Dann macht doch West zwei Karostiche. Richtig, lieber skeptischer Leser, und deshalb dürfen wir eben im ersten Karostich keine Hochfigur einsetzen, wenn in der zweiten Hand ein kleines Karo erscheint. Probieren wir es ruhig nacheinander durch:

Fall a). Variante 1: wir spielen klein vom Tisch (Nord). Ost

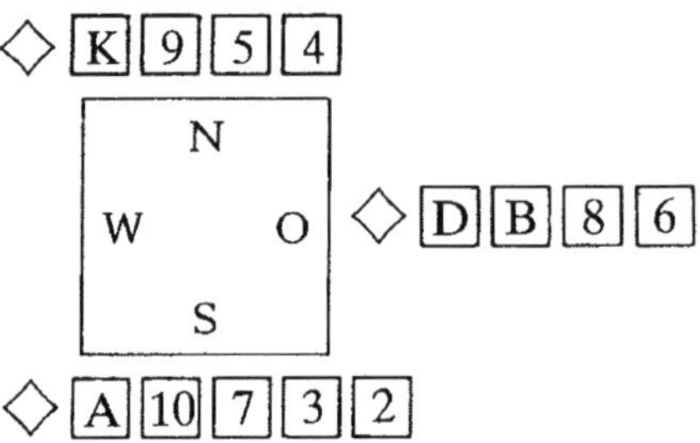

gibt die 6 oder 8. Wir spielen aus der Hand die Zehn. (Falls die Karos beim Gegner nicht 0:4, sondern 1:3 standen, fallen die restlichen beiden Karokarten unter As und König.)

Fall a). Variante 2: Wir spielen klein aus der Hand (Süd), West bedient nicht. Wir nehmen den Stich mit dem König des Tisches und spielen von dort durch D B 8 bei Ost zu A 10 7 3 der Hand. Wieder verlieren wir nur einen Karostich.

Und für die beiden Varianten im Fall b) gilt genau das Gleiche: kommt aus der zweiten Hand eine kleine Karokarte, gibt man die Neun, kommt kein Karo, setzt man die Hochfigur (As) ein und spielt dann durch D B 8 zu K 9 5 des Tisches.

Wenn die Karos in dieser Hand 2:2 oder 3:1 mit richtig plazierter blanker Figur standen, haben wir durch dieses Sicherheitsspiel einen Stich verschenkt, das ist wahr. Aber dieser Stich ist eben die kleine Versicherungsprämie, die uns vor größerem Schaden bewahren soll. Der gute Bridgespieler, und das sind wir doch alle im Begriff zu werden, hat dieses Sicherheitsdenken ständig in seinem Marschgepäck und wird es, mit den erwähnten Einschränkungen beim Paarturnier, so oft wie nötig in die Tat umsetzen, denn:

SPIELST TEAM DU, ODER UM VIEL GELD:
ERFÜLL', UM ALLES IN DER WELT!

BEIM PAARTURNIER, DA FRAGST DU DICH:
WIE WICHTIG IST DER ÜBERSTICH?

KAPITEL 5

Wirf ins Korn noch nicht die Flinte! Du sitzt ja gar nicht in der Tinte!!!

(Atempause vor etlichen Kraftakten)

Eine verzeihliche Schwäche, die weltweit bei Alleinspielern zu beobachten ist, ist wegen der Streß-Situation, in der sie sich befinden, menschlich zu verstehen. Nur – menschliches Verständnis hilft ihm gar nichts, wenn er anschließend in einer Hand down geht, die er hätte erfüllen können. Diese Schwäche besteht darin, daß der Alleinspieler spielplanmäßig zu spielen beginnt und dann plötzlich zu seinem maßlosen Entsetzen feststellen muß, daß die gegnerischen Karten so miserabel verteilt sind, daß eine Erfüllung des Kontraktes – scheinbar und auf den ersten Blick – nicht mehr möglich ist: der Alleinspieler gibt mit einem Seufzer oder mit völlig entgleisenden Gesichtszügen auf, wirft das Handtuch, schnallt ab oder wirft die Flinte ins Korn. Er spielt die Hand getreu seinem erfolglosen Spielplan zuende und geht, Haltung bewahrend, down wie ein Mann. Manche Alleinspieler versuchen der Umwelt durch einen Spruch wie: »Der Indianer zeigt keinen Schmerz« oder »Verdammte Scheiße« zu zeigen, daß sie über ihr ewiges Pech beim Bridge entweder erhaben oder stinksauer sind, je nach Erziehung und Temperament.

Auf diese Weise werden täglich in der Welt, an tausenden von Turnier- und Rubber-Bridge-Tischen, zigtausende von Händen verloren, die bei einer anderen Einstellung der Alleinspieler, die man vielleicht besser als

Kampfmoral charakterisiert, durchaus noch hätten gewonnen werden können. Um die *Kampfmoral* geht es in diesem kurzen aufmunternden Kapitel. Wenn der ursprüngliche Spielplan ganz offensichtlich wegen der grausigen Kartenverteilung bei den Gegnern zum Scheitern verurteilt ist, müssen wir versuchen, Ruhe zu bewahren, einmal kräftig durchzuatmen, und dann einen neuen Spielplan zu konzipieren, der den neuen Tatsachen Rechnung trägt. Dazu brauchen wir dann meistens etwas Phantasie, etwas Mathematik, etwas Voraussicht und eine ganze Portion »wishful thinking«, und oft die Abkehr vom Konventionellen. Die Hohe Schule des Bridges, also alle die begeisternd schönen Spieltechniken wie Endspiele, Trump Coup, Grand Coup, Smother Play, Teufes-Coup und fast alle Squeezearten haben als gemeinsame Basis und unabdingliche Voraussetzung diese Kampfmoral des Alleinspielers. Sie ist gewissermaßen Sattel und Zaumzeug für die Hohe Schule. Wenn die Moral stimmt, wird durch sie die Phantasie beflügelt, der Verstand geschärft und der Blick in die Zukunft verklärt, oft in einem vorher nie für möglich gehaltenen Maß. Es klingt vielleicht etwas pathetisch, aber wenn man sein Alleinspiel nur als lästige Pflichterfüllung dem Partner gegenüber ansieht und nicht als die faszinierende Aufgabe, das durch den Kontrakt gestellte Problem um jeden Preis, gewissermaßen bis zum letzten Bluts- oder wenigstens Schweißtropfen, zu lösen, dann stimmt etwas an der Einstellung, an der Liebe zum Bridgespiel nicht so richtig. Wir wollen versuchen, in den nachfolgenden Kapiteln (und nach deren Lektüre dann am Bridgetisch) nicht so schnell aufzugeben, sondern zu kämpfen, mit Herz und Verstand, denn:

WIRF INS KORN NOCH NICHT DIE FLINTE!
DU SITZT JA GAR NICHT IN DER TINTE!!

KAPITEL 6

Trumpf-Sitz sehr schlecht? Nichts überstürzen! Erst mal die Trumpflänge verkürzen!

(Jetzt wird's ernst: Trumpfverkürzungsspiele)

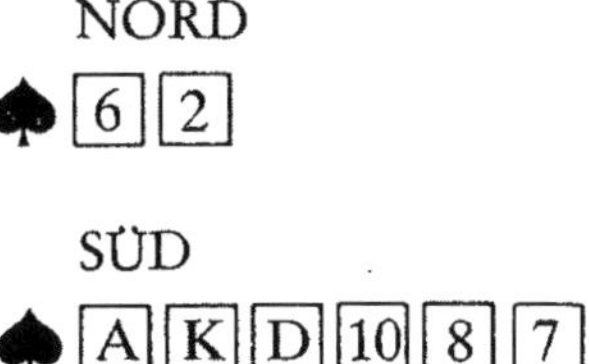

Süd ist Alleinspieler in Pik und zieht nach seinem konventionell erarbeiteten Spielplan Trumpf. In der zweiten Trumpfrunde bedient West nicht mehr. Die gegenwärtige Piksituation ist jetzt:

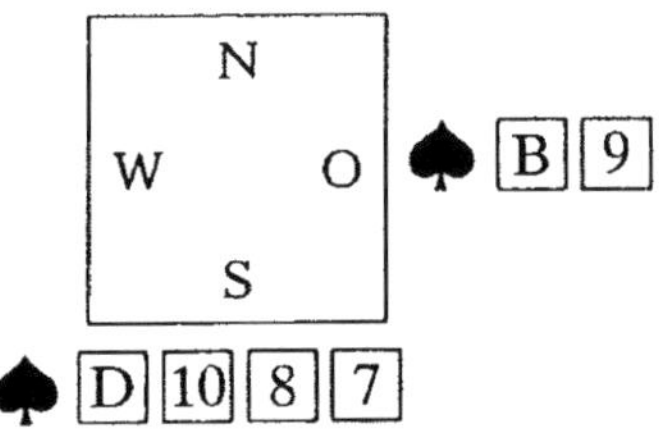

Vordergründig müssen wir einen Pikstich an Ost verlieren, weil wir vom Tisch mangels Pik nicht zur Hand schneiden können. Sollen wir also aufgeben, dem Ostspieler einen Pikstich konzedieren? Um Himmels willen, nein! Unsere neue Kampfmoral fordert uns auf: nicht die Flinte ins Korn werfen, nichts überstürzen! Setzen wir uns zurück, vergessen wir unseren ursprünglichen Spielplan und überlegen wir: wenn ich vom Tisch eine Nebenfarbe spiele und Ost mit seiner Pik Neun vortrumpft, kann ich mit meiner Zehn überstechen und dann mit meiner Dame seinen Buben doch noch fangen. Natürlich wird Ost nicht freiwillig vortrumpfen. Aber vielleicht kann ich ihn ja dazu zwingen, und zwar in welchem Stich, verehrter Leser? Richtig, im zwölften Stich. Dann hat Ost nämlich nur noch Pik B 9 und muß vortrumpfen, egal ob er will oder nicht. Ich muß also am Ende des elften Stiches, zwei Stiche vor Schluß, am Tisch gelandet sein. Damit das aber überhaupt möglich ist, müssen Pik 7 und Pik 8 vorher aus meiner Hand verschwunden sein, sonst funktioniert das nicht. Die Endstellung zum zwölften Stich müßte also beispielsweise (was West und Nord betrifft) und unbedingt (was Ost und Süd betrifft) so sein:

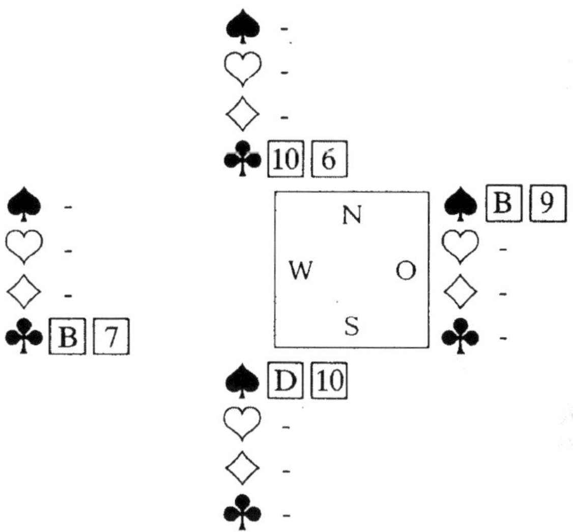

Vorausgesetzt, ich bin zu diesem Zeitpunkt am Tisch und spiele jetzt Treff von dort, ist alles gelaufen. Ost muß vortrumpfen, ich habe den sogenannten Trump Coup gespielt.

Wäre dagegen die Situation etwa so:

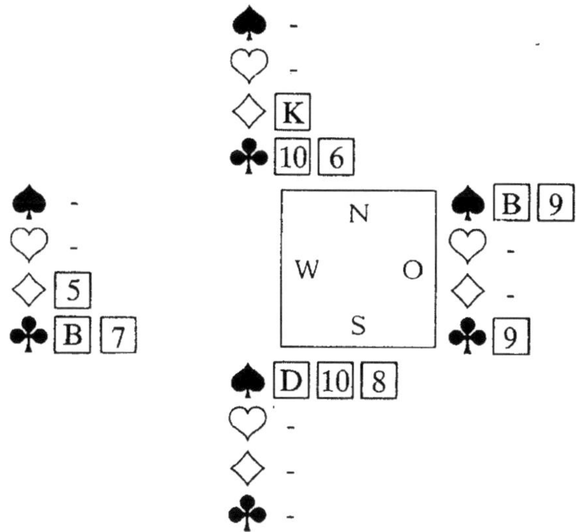

und ich bin zu diesem Zeitpunkt, also am Ende des 10. und vor Beginn des 11. Stiches, am Tisch, muß ich leider den Karo König spielen: Ost denkt nicht im Traum daran, vorzutrumpfen, sondern wirft Treff Neun ab, und ich muß mit der Pik Acht trumpfen. Dann muß ich aus der Hand spielen, und Ost macht seinen Pikstich. Das Stichwort lautet also bei solchen Händen: RECHTZEITIG die Trumpflänge verkürzen. Das reimt sich so schön auf NICHTS ÜBERSTÜRZEN und führt in sehr vielen kritischen Fällen zum Erfolg.

Spielen wir nach dieser Vorbereitung einmal eine komplette Hand:

TEAMTURNIER

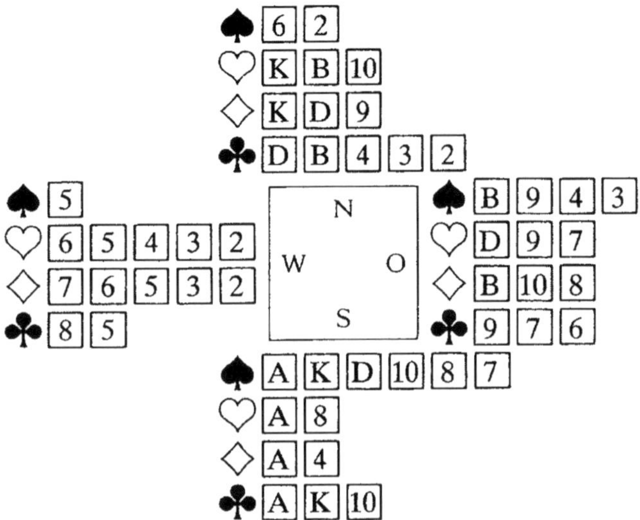

Wir sind mit diesem Totschläger auf Nord-Süd in Sieben Pik gelandet, und nicht in 7 SA oder 7 Treff. Süd war wohl etwas eigensinnig und bestand auf seinen zugegebenermaßen imponierenden Piks. Süd erhält den Angriff Karo 7 (bitte, verehrter Westspieler, greifen Sie hier unter keinen

Umständen mit der Pik 5 an. Sie sehen selbst, was Sie damit anrichten: Süd lacht sich ins Fäustchen, denn sein großes Problem, von dem er im Augenblick noch nichts ahnt, ist dadurch mit einem Schlag gelöst). Süd sieht sich nach Karo-Angriff Tisch und Hand an, ärgert sich vielleicht jetzt schon, daß er nicht 7 SA spielt, und zieht, noch voller Optimismus, zwei Pikrunden, nachdem er den ersten Stich mit Karo As in der Hand gewonnen hat. Wests besondere Kennzeichen zur zweiten Pikrunde: Hat keine! Auweh! Ost hat jetzt noch B 9 in Trumpf und ich kann sie ihm nicht abziehen oder herausschneiden. Unser Komplementärpaar, die Braven, wird außer sich sein, ogottogott! Doch da fällt Süd ein: NICHTS ÜBERSTÜRZEN, TRÜMPFE VERKÜRZEN!

Um zur gleichen Trumpflänge wie Ost zu kommen, muß Süd zweimal in der Hand trumpfen. Dazu bieten sich die beiden roten Farben an. Coeur As wird abgespielt, klein Coeur zum König des Tisches und Coeur Bube vom Tisch, der von Ost mit der Dame gedeckt und in der Südhand mit Pik 7 getrumpft wird. Das ging ja schon ganz gut. Weiter: mit Karo 4 zum König des Tisches. Jetzt keinen falschen Geiz, bitte. Die gute Karo Dame des Tisches wird in der Hand mit Pik 8 getrumpft. So. Die Trümpfe sind jetzt gleich lang wie die von Ost. Was jetzt bleibt, ist ein Stoßgebet zum Bridgegott mit folgendem Wortlaut: Gib, großer Samiel, daß Ost drei Treffkarten besitzt, bitte! Treff As und König werden aus der Hand abgespielt, und der Tisch wird im elften Stich mit der Treff 10 zur Dame, mit angehaltenem Atem und mit vorsichtigem Schielen nach der schwarzen Neun erreicht, die Ost herauszieht. Daß sie schwarz sein muß, ist klar, denn wenn es nicht Treff Neun ist, kann es nur die Pik Neun sein, immerhin spielen wir Groß-Schlemm. Stattdessen können wir natürlich auch nach West schielen: wenn wir dort rot sehen, wissen wir schon ein paar Zehntelsekunden früher, daß wir gewonnen haben. Zum zwölften Stich spielen wir nun erleichtert vom Tisch den Treff Buben, und Ost muß vortrumpfen. Dieser Trump Coup war ein Grand Coup, weil wir einen Gewinner (Karo Dame) des Tisches stechen mußten, um die Trumpflänge der Hand auf zwei zu verkürzen.

Wenn man so eine Hand für den Bridge-Unterricht vorbereitet und in der Klasse spielen läßt, hört man mit unschöner Regelmäßigkeit von seinem »Lieblingsschüler« – die Damen und Herren Lehrerkollegen wissen schon, wie das gemeint ist, nicht wahr? – folgendes Argument: »Pah, die

Hand geht doch nur, weil Sie sie so gelegt haben!« Das ist unmoralisch in dem Sinn, daß dieser Schüler noch immer nicht die richtige Kampfmoral besitzt. Er sollte sich vor seinem Zwischenruf vielmehr überlegen: diese Spielweise ist die einzige, die überhaupt noch zum Erfolg führen kann, und ich muß bis zum bitteren oder süßen Ende kämpfen und einfach darauf spielen, daß Ost drei Treffkarten hat. Anders ist der Groß-Schlemm in Pik nicht zu erfüllen! Und wenn er sich das mit dieser Eindringlichkeit überlegt hat, wird er seinen Zwischenruf unterlassen. Von jetzt an.

Auf ein Neues, mit gestärkter Moral: wir sind Alleinspieler in dem mehr als normalen Kontrakt von Vier Coeur geworden:

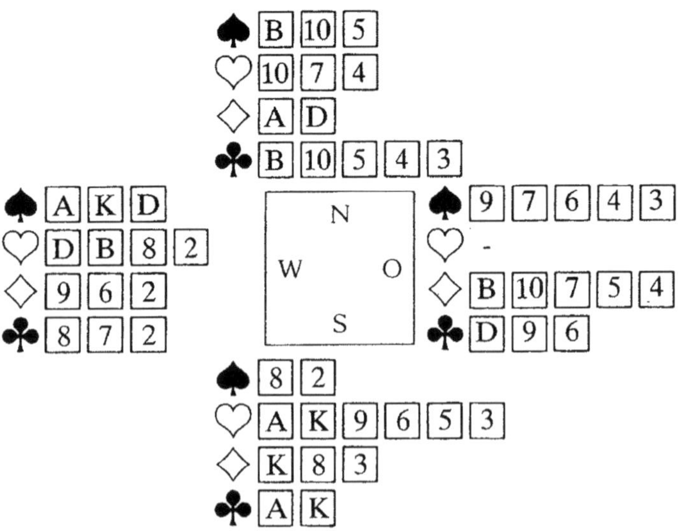

West spielt Pik As, König und Dame, die wir in der Hand trumpfen. Wir sind noch ganz guter Dinge und fertigen einen sehr leichten, sehr konventionellen Spielplan an: Ich werde jetzt Atout ziehen, und wenn die beim Gegner 2:2 stehen, mache ich elf Stiche, wenn links bei West in der ersten Trumpfrunde ein Bild erscheint, kann ich versuchen, gegen das andere Coeurbild bei Ost zu schneiden und so auch gegen den 1:3-Stand elf Stiche zu machen. Sonst mache ich halt nur zehn, denn außer in Trumpf verliere ich ja keinen Stich mehr. Gedacht, getan: Coeur As wird hingelegt, wohlgefällig betrachten wir noch die Coeur 2 von West, und dann entgleisen unsere Gesichtszüge: Ost hat kein Coeur! Aus und vorbei! West hat jetzt noch D, B und 8 hinter unseren K 9 6 5 und wir müssen deshalb noch zwei Coeur-Stiche verlieren. Müssen wir wirklich? Nur nicht so schnell die Flinte ins Korn werfen. Noch sind Vier Coeur nicht verloren, denn bisher haben die Gegner erst zwei Stiche. Eines ist allerdings sicher: unser simpler Spielplan von eben hat ausgedient, ist sozusagen Mist und gehört auf den entsprechenden Haufen. Die gegenwärtige Trumpfsituation sieht so aus:

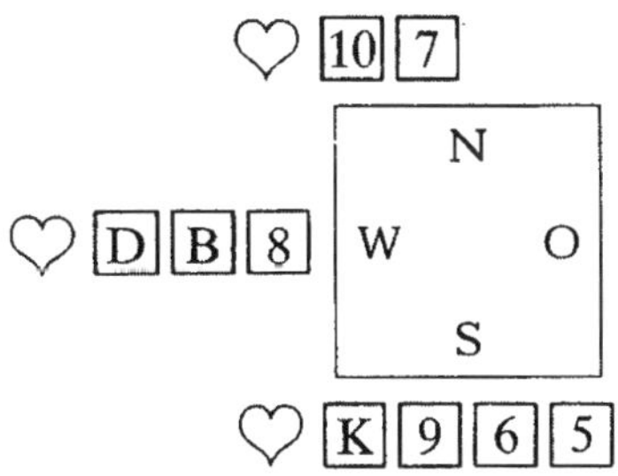

Wenn wir Trumpf spielen, solange wir auf Süd noch vier Trümpfe haben, hat West leichtes Spiel: er nimmt mit dem Coeur Buben und spielt seine Exit-Karte zurück, die er noch haben muß, weil ja alle am Tisch noch vier Karten haben. Aha! NICHTS ÜBERSTÜRZEN, TRÜMPFE VERKÜRZEN, lautet auch hier das Stichwort. Wir spielen deshalb ohne Angst Treff As und König ab, gehen mit klein Karo an den Tisch zum As, kassieren auch die Karo Dame und spielen jetzt, mit etwas Angst, eine dritte Treffrunde vom Tisch, die wir in der Hand trumpfen (Trumpfverkürzung). Das war die halbe Miete: es folgt, begleitet von einem Stoßgebet (Wortlaut: Gib, großer Samiel, daß West, bitte, bitte noch ein Karo hat!) der Karo König aus der Hand. West bedient. Danke, Samiel! Zum elften Stich sieht der Rest der Karten so aus:

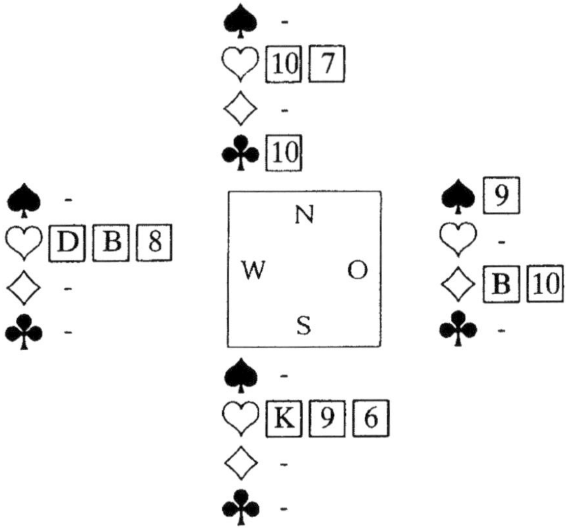

Wir spielen nun die Coeur 6. West befindet sich in einem Dilemma, aus dem es keinen Ausweg gibt: entweder er setzt den Coeur Buben ein und muß anschließend von D 8 »antreten« oder er bleibt klein, dann gewinnt die Zehn des Tisches diesen Stich. In beiden Fällen verlieren wir nur einen Coeur-Stich.

Die Trumpfverkürzungsspiele, die in der Literatur und bei Experten ganz tolle Namen haben, wie Trump Coup oder Grand Coup, erfordern eigentlich nur ein bißchen Überblick und Voraussicht. Man muß sich plastisch diejenige Endstellung vor Augen führen, die man erreichen muß, um den Coup zu landen. Das gilt übrigens auch für die meisten Squeeze-Spiele. Mit der nötigen Kampfmoral schafft das bei genügend Übung jeder durchschnittlich begabte Bridgespieler. Bisher stand ihm dabei nur seine eigene Mutlosigkeit im Weg. Besonders dann, wenn es gilt, einen hohen Kontrakt zu erfüllen, der scheinbar aussichtslos ist. Und genau das wollen wir jetzt mal probieren.

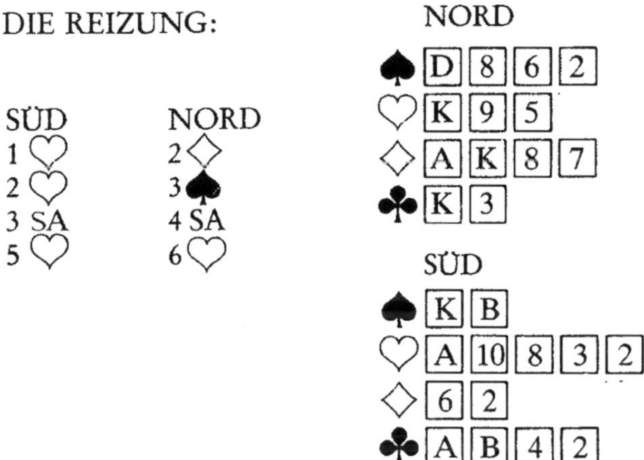

West spielt Pik As aus, gefolgt von Pik 3. Wir mögen im ersten Augenblick unseren Partner verfluchen, weil er uns mit dieser lausigen Coeurhaltung in den Schlemm getrieben hat. Mutlosigkeit wäre in dieser Situation durchaus berechtigt oder Verzweiflung. Denn einen Coeur-Stich müssen wir doch mindestens verlieren, wenn die Trümpfe nicht gerade D B in der einen und 7 6 4 in der anderen Gegnerhand stehen. Und falls wir hier verzweifeln, werden wir Coeur As und König abspielen, in der schwachen Hoffnung, diesen Glücksstand der Coeurs vorzufinden. Langsam. Nichts überstürzen. Entschließen wir uns doch vorher zu einer besorgten ANFRAGE AN RADIO ERIWAN: Gibt es für Süd eine Möglichkeit, mit dieser Trumpfhaltung

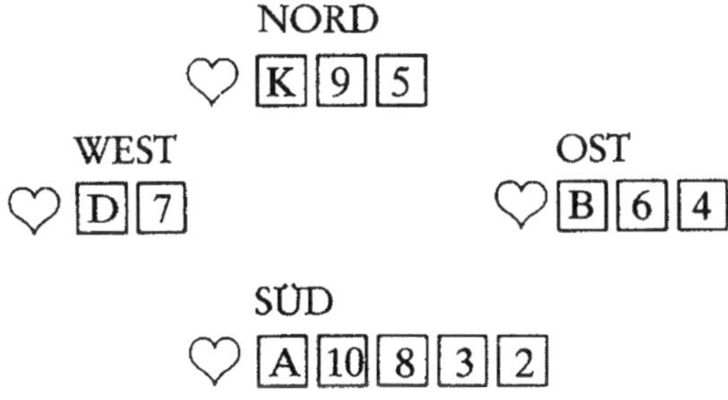

keinen, ich wiederhole, keinen Coeurstich zu verlieren?

ANTWORT VON RADIO ERIWAN: Im Prinzip, nein! Wenn Sied spielen selbst Cherz, missen verlieren ein Stich. Gegner wird aber nix spielen Cherz. Den Teufel wird tun Gegner!

Danke, Radio Eriwan, danke! Beim Stichwort »Teufel« ist uns nämlich doch eine Möglichkeit eingefallen. Der Teufels-Coup (Devil's Coup, Coup de diable)! Auch dieser Coup ist eine Folge der Trumpfverkürzung und Nichtsüberstürzung. Versuchen wir mal gemeinsam, uns eine Endstellung vor Augen zu führen, in der derjenige Gegner, der drei Trümpfe, also hier Ost, besitzt, vortrumpfen muß, wir in der Hand übertrumpfen und West noch die vom Tisch gespielte Farbe bedienen muß. Diese Endstellung müßte doch so aussehen:

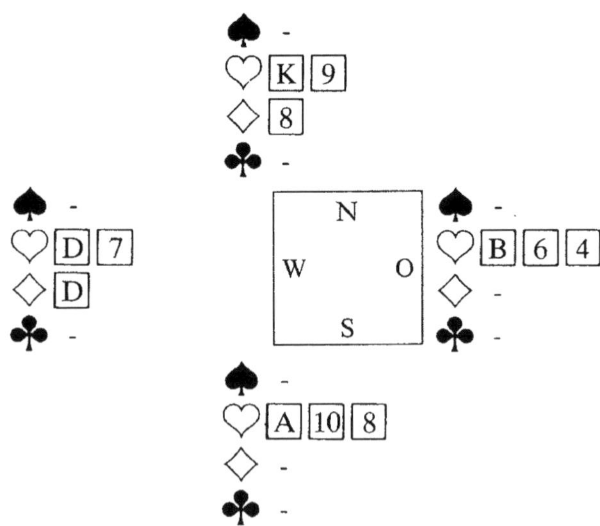

Wenn wir am Ende des zehnten Stiches und zu Beginn des elften in dieser Kartensituation am Tisch sind und Karo Acht spielen, muß Ost vortrumpfen. Wir können übertrumpfen und wissen, daß West noch Karo bedienen muß, immerhin haben wir ja bis dahin sorgfältig mitgezählt. Das müßte doch funktionieren, zum Teufel! Dann können wir anschliessend mit Coeur As und König die letzten beiden Stiche machen. Die ganze Hand:

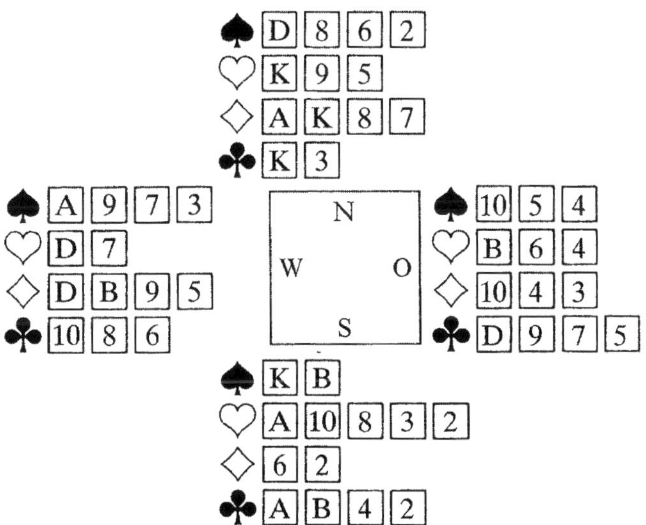

Endkontrakt: Sechs Coeur von Süd. Angriff Pik As, gefolgt von Pik 3. Wir entschließen uns schweren Herzens, hier nicht den Verzweiflungs-Coup (Desperation Coup) zu spielen und Coeur As, König abzuspielen, sondern den Teufels-Coup zu probieren. Dazu müssen wir die Hand von fünf Trümpfen auf drei verkürzen. Keinen mehr und keinen weniger. Los geht's: wir nehmen den zweiten Stich mit Pik König in der Hand und spielen klein Treff zum König des Tisches. Auf die Pik Dame werfen wir aus der Hand ein kleines Treff ab. Pik Acht wird vom Tisch nachgespielt, Ost wirft klein Treff ab. Gute Nachrichten aus dem Osten, schon wieder. Wir trumpfen (erste Verkürzung) und spielen klein Karo zum As des Tisches, ziehen dort auch den Karo König ab und spielen ein drittes Karo, das wir in der Hand trumpfen (zweite und entscheidende Verkürzung). Es folgt Treff As aus der Hand, sowie der Treff Bube, der am Tisch mit der Neun getrumpft wird. (Stoßgebet nicht vergessen: Gib, großer Samiel, daß Ost das letzte Treff und nicht das letzte Karo hat! Gebet erhört. Die Endsituation, die wir uns vorhin vorgestellt haben, ist erreicht *und* wir sind in diesem Augenblick am Tisch. Karo Acht vom Tisch zwingt Ost, vorzutrumpfen. (Ost ist hier gut beraten, mit dem Buben vorzutrumpfen. Der Alleinspieler muß in diesem Fall sein As einsetzen und die Dame bei West »finden«. Nachdem Süd sich aber für den Teufels- und gegen den Desperation Coup entschieden hat, wird er anschließend Coeur 10 aus der Hand vorlegen und laufen lassen, sofern West nicht mit der Dame deckt.) Wir übertrumpfen und machen den Rest der Stiche. Teufel, Teufel, der laut Radio Eriwan sichere Trumpfstich für Ost-West hat sich in Höllenrauch aufgelöst. Wieder mag der unmoralische Schlaumeier einwenden: »Pah! Sechs Coeur gehen doch nur, weil die Karten so liegen oder gelegt worden sind.« Das ist aber wieder oberflächlich, denn wie der armenische Sender uns klipp und klar mitgeteilt hatte, müssen wir bei dieser Trumpfverteilung einen Stich verlieren, wenn wir selbst zu einem früheren Zeitpunkt Coeur spielen. Es blieb uns tatsächlich nur diese teuflische Spielweise übrig, als rettender Strohhalm vor der Verdammnis. Und selbst wenn wir hier im Paarturnier nur Vier Coeur spielen sollten, was natürlich viel vernünftiger ist, sollten wir mit unserer neuen Kampfmoral die Möglichkeit sehen, zwölf Stiche zu erzielen und damit ein turmhohes und für Ost-West im wahrsten Sinn des Wortes diabolisches Ergebnis zu schreiben. Die Gefahr, bei dieser Spielweise nur zehn Stiche zu machen und von allen anderen Nord-Süd-Paaren ausgelacht zu werden, die ohne jedes teuflische Denken elf Papa-Mama-Stiche gemacht haben, ist verschwindend gering.

Süd ist mit der nachstehenden Hand in 6 Pik oder, wenn Ihnen das lieber ist, in Vier Pik, möchte aber möglichst zwölf Stiche machen, nachdem West mit der Treff Dame angegriffen hat:

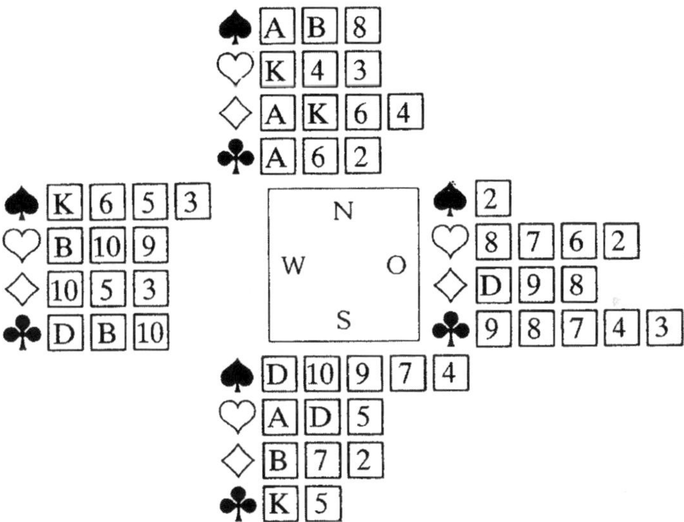

Das sieht ja zunächst auch gar nicht so schlecht aus, falls Süd den Pik König bei West findet und herausschneiden kann. Er nimmt deshalb den ersten Stich mit Treff König und legt die Pik Dame vor, die bei Stich bleibt. Als nächstes folgt Pik 4 aus der Hand, West gibt die 5, und am Tisch wird der Bube eingesetzt. Es folgen die schlechten Nachrichten aus dem Osten: kein Pik mehr. Die restliche Piksituation hat folgendes Aussehen:

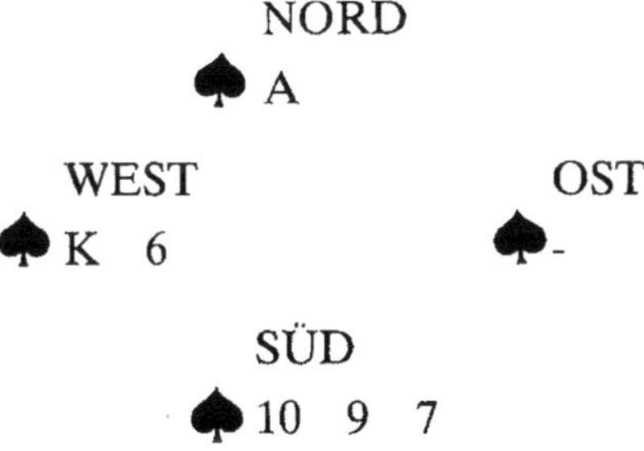

Es gibt zwei Möglichkeiten: entweder, Süd gibt auf, weil er sich sagt, in dieser Situation *muß* ich doch einen Pikstich verlieren. Oder er kämpft, kämpft, kämpft, um den Kontrakt bzw. den zwölften Stich doch noch zu gewinnen. Wie sind seine Überlegungen, wenn er sich so wie wir für die zweite, kämpferische Möglichkeit entscheidet?

Er überlegt:

1. Wenn ich selbst Pik spiele, macht West mit Sicherheit einen Pikstich, denn er bleibt natürlich auch bei der dritten Pikrunde klein, das As des Tisches fällt, und der König triumphiert.
2. Wenn West in einer anderen Farbe zu Stich kommt, macht er ebenfalls seinen Pik-Stich, denn dann braucht er ja nur Pik Sechs hinzulegen, die das As des Tisches zu Fall bringt. Der Nebel lichtet sich.
3. Nur wenn es mir gelingt, *Ost* zu einem bestimmten Zeitpunkt zu Stich zu bringen, gibt es eine Möglichkeit, eine sehr gute sogar. Langsam dämmert es.
4. Wie wäre es denn, wenn Ost zum zwölften Stich spielen muß? Die Sache könnte doch so aussehen:

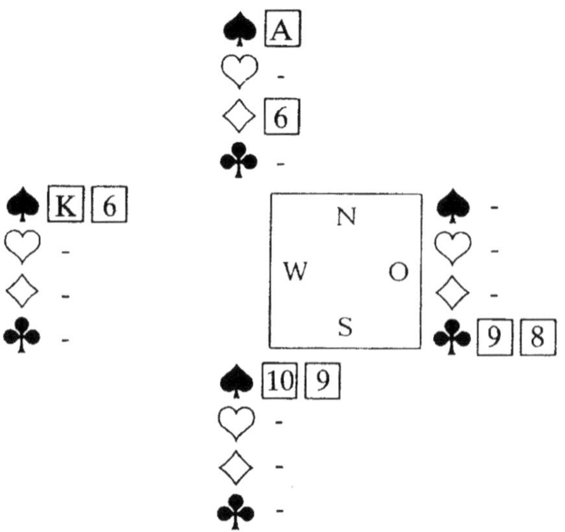

Das wäre doch toll: Ost spielt Treff, ich lege aus der Hand die Pik Neun und West – schaut mit dem Ofenrohr ins Gebirge (bayrisch für: hat das Nachsehen). Entweder er übertrumpft mit dem König, dann fangen wir selbigen mit dem As des Tisches, oder er untertrumpft mit der Sechs, dann werfen wir am Tisch die Karo Sechs dazu. Voraussetzung für das Erreichen dieser Traum-Endposition ist wiederum, wie bei allen Händen und Coups dieses Kapitels:

NICHTS ÜBERSTÜRZEN: TRÜMPFE VERKÜRZEN!

Denn die Pik Sieben muß vor dem elften Stich aus unserer Hand verschwunden sein, sonst können wir Ost am Ende des elften und zu Beginn des zwölften Stiches nicht dranbringen. Spielen wir die Hand hier gemeinsam sorgfältig ab. Irgendwann werden wir auch wieder das berühmte Stoßgebet loslassen müssen:

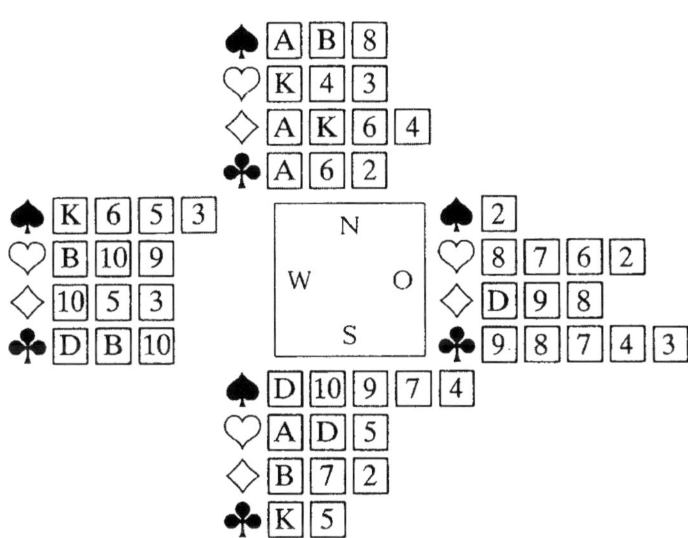

Angriff: Treff Dame, gestecktes Ziel: zwölf Stiche. Treff König aus der Hand, Pik Dame bleibt bei Stich. Pik 4 zum Buben, Hiobsbotschaft von Ost. Nichts überstürzen! Wir spielen, nachdem wir uns die obigen Gedanken gemacht und die Traum-Endposition vorgestellt haben, Treff As des Tisches ab und trumpfen die dritte Treffrunde in der Hand. Dann spielen wir ohne Angst Coeur As, König, Dame sowie Karo As und König ab. Jetzt fängt unser Pulsschlag allmählich an zu rattern: wir spielen vom Tisch die Karo Vier und formulieren in Gedanken ein Stoßgebet, zu Samiel, und zwar mit exakt welchem Wortlaut? Bitte, drehen Sie das Buch noch nicht um, sondern formulieren Sie das Gebet selbst!

Noch nicht umdrehen, selbst formulieren!

Gib, Großer Samiel, daß die Karo Dame bei Ost und, bitte, nicht bei West steht!

Das Gebet ist erhört worden. Ost ist zum zwölften Stich dran, und West wird durch sein Treffspiel gelackmeiert. (Sehr freie Übersetzung des englischen Wortes to smother, das eigentlich überdecken, zuschütten, (im Nebel) ersticken, heißt. Keine dieser deutschen Übersetzungen trifft aber genau das, was bei diesem Smother Play mit West passiert ist. Lackmeier-Coup scheint hier die Sache besser zu treffen).

Trumpfverkürzungsspiele, die wir im Vorangegangenen in der Form des Trump Coups, der mit dem hochtrabenden Wort Grand Coup bezeichneten Sonderform des Trump Coups (man trumpft zum Zwecke der Trumpfverkürzung einen Gewinner), des Teufelscoups oder des Lackmeier-Coups (Smother Play) kennen- und verstehen gelernt haben, sind witzigerweise in der Literatur fast stiefmütterlich behandelt und kommen nach Aussage mehrerer Autoren in der Praxis nicht häufig genug vor, als daß man breite Leserkreise ausführlich darüber informieren müsse. Das stimmt aber einfach nicht. Die Trumpfverkürzung als Folge einer – scheinbar – tödlichen Trumpfverteilung bei den Gegnern kommt in zahllosen Händen vor und gehört nach Auffassung des Verfassers unbedingt in das Standardrepertoire eines guten Bridgespielers. Vielleicht liegt es daran, daß wir in Deutschland noch immer wesentlich mehr Hände pro Turnier spielen als anderswo. Dadurch erhöht sich die absolute Zahl der schlechten Trumpfverteilungen natürlich entsprechend. Und deshalb:

TRUMPFSITZ SEHR SCHLECHT? NICHTS ÜBERSTÜRZEN!
ERST MAL DIE TRUMPFLÄNGE VERKÜRZEN!

KAPITEL 7

Statt mühsam zu addieren, mußt Du nur subtrahieren

(Kleine Erholungspause)

Der Verfassesr hat sich ein bißchen umgehört und festgestellt: viele Bridgefreunde, selbst sogenannte Arrivierte und angehende Experten, und, verzeihen Sie, meine Damen, nahezu ausnahmslos alle Vertreterinnen des sogenannten schwächeren Geschlechts, machen sich das Bridgeleben immer noch schwerer als nötig. Sie ziehen beispielsweise die erste Runde Trumpf und zählen: 1 – 2 – 3 – 4! Sie ziehen eine zweite Trumpfrunde, und West bedient nicht mehr. Es wird gezählt: 5 – 6 – 7. Sie ziehen eine dritte Trumpfrunde, und diesmal bedient auch der Tisch nicht mehr. Es wird weiter addiert: 8 – 9. Eine vierte Trumpfrunde folgt, auf die Ost noch bedient. Die Additionsmaschine läuft weiter: 10 – 11. Jetzt sieht Süd seine bzw. ihre Hand und schließt messerscharf: Aha! Ich habe noch zwei, elf sind draußen, also habe ich sie alle gezogen!

Sie halten das für Übertreibung? Es ist es nicht. Zugegeben, die zu lösenden Rechenaufgaben, die man sich da selbst stellt, sind nicht sonderlich schwer. Aber sie sind umständlich und zeitraubend. Es ist ungleich leichter und einfacher, sich vor Beginn jeder Aktivität zu sagen:

Meine sechs Trümpfe plus die zwei des Tisches sind acht. Folglich bleiben für die beiden Gegner noch fünf übrig. Beim Stichwort fünf stellen wir uns gleich die drei möglichen Verteilungen vor, nämlich 5:0, 4:1 und 3:2, das sollte man für kurze Zeit bewußt trainieren, und dann geht es plötzlich von ganz allein wie geschmiert.

Statt durch mühseliges Hochaddieren mit der Zahl Dreizehn zu operieren, beschäftigen wir uns von jetzt an, also vor dem Spiel der ersten Trumpfrunde, nur noch mit der Zahl Fünf. Und subtrahieren alles, was vom Gegner erscheint, von dieser Zahl. Wenn West bei der zweiten Trumpfrunde nicht mehr bedient, notieren wir in Gedanken: 1:4 und ziehen vier Runden, ohne zu zählen, zu addieren oder sonstige Rechenaufgaben zu lösen. Wenn beide Gegner zweimal bedienen, notieren wir (automatisch) in Gedanken: 3:2 und ziehen drei Runden Trumpf, ohne einen einzigen Gedanken an die Zahl Dreizehn zu verschwenden. Probieren Sie das ruhig mal ein paar Turnierabende hintereinander. Sie werden Ihre helle Freude dabei erleben, und – das Wichtigste – Sie werden Ihren Kopf frei behalten für das anspruchsvollere Auszählen der gegnerischen Hände, über das in einem späteren Kapitel ausführlich zu sprechen sein wird. Für die Trumpffarbe (oder im Sans Atout eine sehr lange Farbe) sollten wir, zunächst einmal probehalber und später automatisch, den nicht sehr geistreichen Spruch beherzigen:

STATT MÜHSAM ZU ADDIEREN,
MUSST DU NUR SUBTRAHIEREN!

KAPITEL 8

Kennst Du die Hand, in der Zitronen blühen, mußt Du dich dorten um den Squeeze bemühen.

(Alleinspiel: Squeeze)

Hier ist es also, das Zauberwort Squeeze, das von so manchem nur mit ehrfurchtsvollem Schauer ausgesprochen wird. Zauberwort? Unsinn! Squeeze ist eines der prosaischsten Bridgewörter überhaupt und heißt auf deutsch nichts anderes als: quetschen, auspressen. Wenn man das Wort Squeeze hört oder sagt, soll man gleichzeitig an einen nassen Schwamm oder, besser, eine halbe Zitrone denken und nicht an etwas Abstraktes, Hehres, Höheres. Und jede Ehrfurcht davor ablegen.

Süd hat sich ein Wiener Schnitzel bestellt und eine Portion Grünen Salat. Er gehört zu den Leuten, die sich den Salat lieber mit Zitronensaft anmachen als mit Essig. Um also in den vollen Genuß der Speisen auf den beiden Tellern zu kommen, bestellt er sich beim Ober eine halbe Zitrone, die der diensteifrige Herr in Schwarz auf einem dritten Teller auf West legt. Der Salat ist auf Nord:

NORD
Salat

WEST
1/2 Zitrone

SÜD
Wiener Schnitzel

Wenn die halbe Zitrone auf West genügend Saft enthält, kann Süd sowohl sein Schnitzel als auch den Salat auf Nord schmackhafter machen, indem er die Zitronenhälfte ergreift und kräftig ausquetscht. Er spielt einen einfachen Squeeze gegen West. Falls die Zitronenhälfte nicht genug Saft enthält, wird Süd beim Ober eine zweite halbe Zitrone bestellen, die dieser auf einem vierten Tellerchen auf Ost legt. Nachdem die Westhälfte ausgepreßt ist und keinen Saft mehr hergibt, wird Süd zur Osthälfte greifen. Er spielt einen doppelten Squeeze gegen West und Ost.

Wenn in der halben West- und/oder Ostzitrone noch Kerne sitzen, die Süd weder auf seinem Schnitzel noch im Salat haben möchte, wird er diese Kerne vorsichtig herauspopeln und auf den Tellerrand der jeweiligen Zitrone legen, bevor er zu quetschen beginnt. Das ist ganz wichtig, denn diese Kerne könnten die Lamellen der Zitrone verstopfen, so daß beim Auspressen der Saft nicht herauskann.

So, meine Lieben. Wir haben soeben in Vorbereitung eines köstlichen Mahles die Grundelemente des Squeezes kennengelernt.

Ein zweites Bild soll helfen, die Scheu vor dem Squeeze nun endgültig abzulegen, bevor wir in die Details gehen. Diesmal aus der Sicht von Ost-West:

Ost-West fliegen – nein, Ballonfahrer sagen nicht fliegen, sondern fahren – Ost-West also fahren leichtsinnigerweise mit einem Heißluftballon über den Atlantik, von West nach Ost. Irgendwo zwischen Neufundland und Irland treten schlimme Fallwinde auf. Der Ballon sinkt. Unten tobt der Ozean. Notwassern wäre der sichere Tod, denn das Funkgerät und die Schwimmwesten sind schon abgeworfen worden. Man wirft alles, was man nicht unbedingt braucht, aus der Gondel, doch der Ballon sinkt weiter. Die einzigen Gewichte, die man jetzt noch hat, sind: Trinkwasserkanister, Propangasflasche und Brenner. Trinkwasser brauchen Ost-West, um eine winzige Überlebenschance zu haben. Und Propan und Gasbrenner brauchen sie, um die Heißlufthüllte halbwegs gefüllt zu halten. Kurzum: es gibt keine Rettung, ganz gleich, was Ost oder West abwerfen. Sie sind in einem doppelten Squeeze und müssen ihren Leichtsinn diesmal leider mit dem Leben bezahlen.

DER EINFACHE SQUEEZE

(Zitrone: West, sehr saftig, kernlos)

Süd ist im Paarturnier Alleinspieler in Sechs Sans-Atout. Zitrone West greift mit der Coeur Dame an:

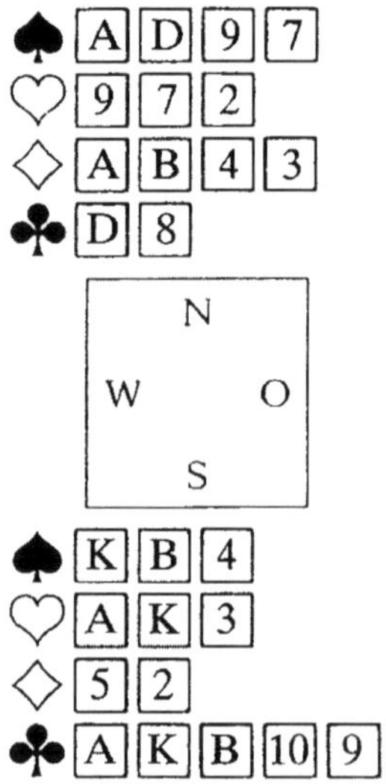

Süd macht den Spielplan und zählt deshalb seine Stiche: Vier Pikstiche, fünf Treffstiche, zwei Coeurstiche und ein Karostich sind zwölf. Papa, Mama. Aber halt, wir spielen Paarturnier! Und wenn zwölf Stiche »gedruckt« auf dem Tisch liegen, ist Mißtrauen angebracht: werde ich mit zwölf Stichen genug Matchpunkte bekommen? Wahrscheinlich nicht, wenn ein Teil des »Saales« alle dreizehn macht. Die zweite Frage, die wir uns – immer! – in dieser Paarturniersituation stellen, lautet daher: Gibt es eine theoretische Möglichkeit, alle dreizehn Stiche zu gewinnen? Die möglichen Gewinner des dreizehnten Stiches sind ganz präzise die Coeur Neun *oder* der Karo Bube auf dem Salatteller Nord. Wie wäre es denn, wenn West sowohl Coeur Dame, Bube, Zehn als auch Karo König, Dame hätte? Dann müßte er sich doch, nachdem ich die Coeur Dame im ersten Stich mit dem As genommen habe, sowohl an Coeur Bube, Zehn als auch an Karo König, Dame festklammern, denn wenn er eine davon wegwirft, macht doch eine der drohenden Karten des Tisches (Karo Bube oder Coeur Neun) einen Stich. Wir überlegen weiter: wenn ich nach Coeur As erst mal neun schwarze Stiche kassiere, sind das doch insgesamt zehn Stiche. Dann müßte doch – natürlich! –, dann müßte doch West im zehnten Stich eine dieser vier wichtigen Karten herausrücken. Was wir hier machen ist folgendes: wir bestellen einfach in Gedanken beim Ober eine möglichst saftige Zitronenhälfte, d.h. wir plazieren alle wichtigen Karten: Coeur Bube, Zehn und Karo König, Dame in die Westhand. Nach dem Angriff Coeur Dame ist das, was die Coeur-Bilder betrifft, nicht so abwegig. Und hinsichtlich der Karo-Figuren ist unser »wishful thinking« (= Wunschdenken) auch nicht so abwegig, indem wir uns ganz einfach sagen: falls Ost eine der beiden Karofiguren hat, kann das nicht funktionieren. Deswegen stellen wir uns – so ähnlich wie beim absoluten Sicherheitsspiel, wo wir uns sehr wohl gegen die eine Hand, nicht aber gegen die andere schützen konnten, Sie erinnern sich noch – in diesem Fall ganz einfach auf den Standpunkt: West muß beide Karo-Figuren haben, basta. Und deshalb werden wir jetzt vier Pikstiche und fünf Treffstiche abziehen. Vor dem Abspielen des letzten Treffstiches sollten Tisch und Hand, sowie Zitrone West – wunschgemäß – so aussehen:

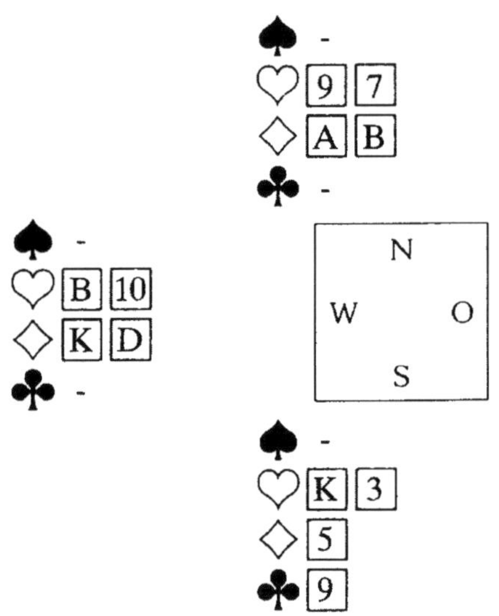

Treff Neun, die jetzt gespielt wird, ist die Quetschkarte für West: er kann nicht anders, er muß sich entweder von Coeur 10 oder Karo Dame trennen. Ist es die Coeur Zehn, werfen wir vom Tisch den Karo Buben fort, er hat seine Schuldigkeit als Bedrohung getan und kann gehen. Coeur König, Coeur Neun und Karo As machen den Rest der Stiche. Wirft dagegen West die Karo Dame ab, dann können wir Coeur Sieben abwerfen, wir brauchen sie nicht mehr. Anschließend spielen wir Karo Fünf, der König bei West fällt, wir machen am Tisch zwei Karostiche und als letzten Stich Coeur König in der Hand.

Dies war die einfachste Form des Squeezes, bei dem *eine* Gegnerhand in *zwei* Farben bedroht (hier Coeur und Karo) und beim Abspielen der Squeezekarte in unerträglicher Weise ausgequetscht wird. Beide Drohungen lagen in dieser Hand bei Nord, mitten im Salat, und der Squeeze konnte wirksam werden, weil West *vor* Nord abwerfen mußte.

Nun eine Frage an alle, die noch dabei sind, und das sind hoffentlich alle die, die wirlich gern Wiener Schnitzel essen:

Unter der Voraussetzung, daß West tatsächlich

Coeur D B 10 x
und Karo K D x

hatte, wie beim Abspielen der Hand angenommen und erhofft, hätte West *diesen* Squeeze knacken können, d.h. hätte er vermeiden können, in die unerträgliche Quetschsituation zu kommen?

Sehen Sie sich nochmal die Endposition zum zehnten Stich an! Sehr gut, Sie haben es entdeckt: falls West nicht mit Coeur Dame, sondern mit Karo König angegriffen hätte, dann hätte er durch diesen Angriff das Karo As des Tisches weggeputzt, und damit ein wichtiges Element des erfolgreichen Squeezes zerstört – nämlich das Verbindungsglied zwischen Hand und Tisch für den Stich nach dem Squeeze. Die Endposition wäre nach Karo-König-Angriff so gewesen:

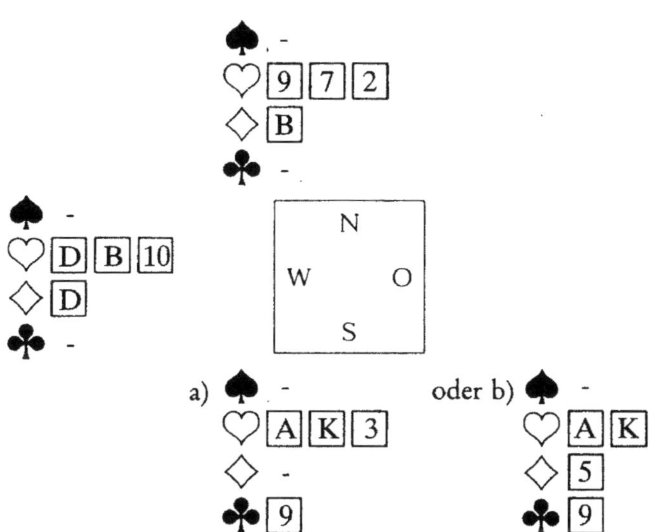

Wenn Süd jetzt die Squeezekarte Treff Neun spielt, ist West zwar immer noch kräftig gesqueezt, nur tut es ihm nicht weh: er wirft mit Grazie die Karo Dame weg, denn er kann sehen, daß Süd kein Karo mehr hat (auf die vierte Pikrunde des Tisches mußte Süd eine rote Karte abwerfen, Fall Süd a)) oder West wirft im Fall Süd b) beim Abspielen der Squeezekarte (Treff Neun) die Coeur 10 ab, weil Süd kein kleines Coeur mehr haben kann. In beiden Fällen ist Süd in der Hand blockiert und kann die Salatschüssel nicht mehr erreichen. Voraussetzung ist für dieses Gegenspiel aufmerksame und sorgfältige Mitarbeit des Ostspielers, der beim Abspielen der schwarzen Farben seinem Partner genau zeigen muß, wieviele Karten er entweder in Coeur oder Karo hält.

Die Frage, ob West diesen Squeeze hätte knacken können, war rein rhetorisch und sollte den Leser nur auf die Wichtigkeit des vierten Squeeze-Elementes – des Verbindungsgliedes – aufmerksam machen. Gegen Sechs Sans-Atout ist der bessere Angriff von West zweifellos die Coeur Dame, denn West weiß ja nicht, daß zwölf Stiche schon vorhanden sind und sein Gegenspiel nur gegen Stich Nr. 13 gerichtet ist. Zu leicht verschenkt man mit dem Angriff von Karo König einen Stich, wenn am Tisch der Bube und in der Hand das As sitzen. Hätten Nord-Süd jedoch in der obigen Hand Sieben Sans-Atout gereizt, dann kann West risikolos mit Karo König angreifen und den Kontrakt schlagen.

Fassen wir ein bißchen systematisch zusammen: für den einfachen Squeeze sind vier Elemente notwendig:

Erste Bedrohung (im Beispiel: Coeur Neun)
Zweite Bedrohung (Karo As, Bube)
Squeeze-Karte (Treff Neun)
Verbindungsglied (Karo As).

Beide Bedrohungen sind gegen ein und dieselbe Gegnerhand (West) gerichtet, und das Verbindungsglied (Nord) muß gegenüber der Squeezekarte liegen (Süd).

Dieser einfache Squeeze ist ein positioneller oder starrer Squeeze, weil beide Bedrohungen mitten im Salat lagen, also in einer Hand. Er konnte nur funktionieren, weil West zeitlich vor Nord abwerfen mußte und Süd vom Tisch diejenige Karte entfernen konnte, die nach Wests erzwungenem, erquetschtem Abwurf als Bedrohung ausgedient hatte.

Bleiben wir noch einen Augenblick bei dieser Hand und ändern wir sie scheinbar nur ganz geringfügig:

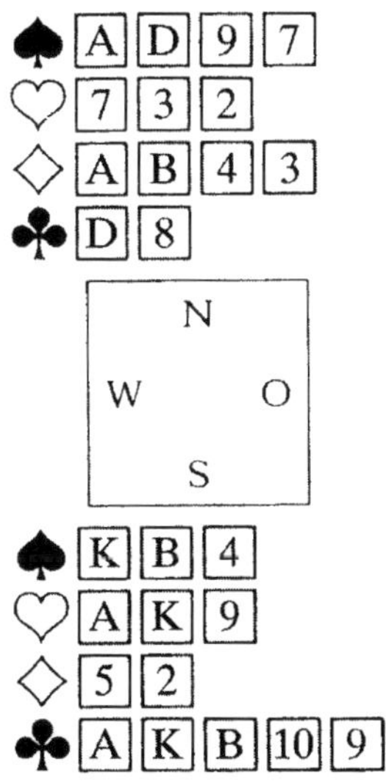

Paarturnier. Süd spielt wieder Sechs Sans Atout und erhält den Angriff Coeur Dame. Wir stellen die gleichen Paarturnierüberlegungen an wie zuvor und machen uns auf die Suche nach dem möglichen 13. Stich. Er könnte durch den Karo Buben des Tisches oder die Coeur Neun gewonnen werden, die sich diesmal in der Südhand befindet, vorausgesetzt, ein und dieselbe Hand der Gegner muß sich sowohl an den beiden Karo-Bildern als auch an Coeur Bube, Zehn festklammern. Wieder kann das nach dem Angriff Coeur Dame eigentlich nur die Westhand sein (kein Mensch greift gegen Sechs Sans Atout mit der »leeren« Dame oder von D B x an). Und wieder stellen wir uns in Gedanken die Endposition zum zehnten Stich vor, darin haben wir ja inzwischen schon etwas Übung:

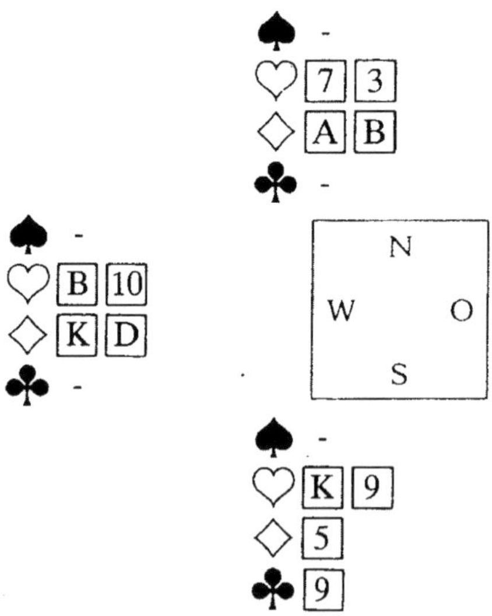

Der kleine Unterschied zur ersten Hand besteht darin, daß sich die beiden Bedrohungen für West in zwei verschiedenen Händen befinden: die Coeur Neun beim Alleinspieler Süd und Karo As, Bube auf dem Tisch. Und das macht den starren, positionellen Squeeze von eben zu einem flexiblen: Süd spielt Treff Neun (Squeeze-Karte), und während West noch herumzappelt und nicht weiß, ob er Propangasflasche (Coeur 10) oder Brenner (Karo Dame) aus der Gondel abwerfen soll, kann Süd (kein guter Stil!) schon *vor* ihm die Coeur 3 des Tisches entfernen. Der einfache, flexible Squeeze mit verteilten Drohungen kann gegen beide Gegnerhände wirksam werden. Merken wir uns in diesem Zusammenhang dieses: Im Squeeze-Stich (*10.* Stich) hatte West vier wichtige Karten, Zehn plus Vier = 14.

Bei dieser einfachsten Form des Squeezes, bei der wir mit einer einzigen Zitronenhälfte auskommen, weil wir den Gegner »nur« in zwei Farben bedrohen, kommt es also darauf an, daß wir uns den richtigen Gegner zum Ausquetschen heraussuchen, und das konnte im vorangegangenen Beispiel nur West sein. Wir wußten, daß er mit allergrößter Wahrscheinlichkeit Coeur D, B, 10 hat und nahmen einfach an, daß Karo König, Dame in derselben Hand sitzen. Der Dichterfürst aus Frankfurt/Weimar rotiert hoffentlich nicht im Grabe, wenn wir ihn leicht abgewandelt zitieren:

KENNST DU DIE HAND, IN DER ZITRONEN BLÜHEN,
MUSST DU DICH DORTEN UM DEN SQUEEZE BEMÜHEN.

KAPITEL 9

Hat der »Feind« noch freie Karten ist »Zwangsabwurf« nicht zu erwarten

oder

Der Squeeze nur wirklich funktioniert, wenn man den »Count« rektifiziert.

(Die Kerne herauspopeln)

Zunächstmal etwas Sprachliches: es gibt eine ganze Menge Leute, die statt Squeeze (= Skwies) das wunderschöne deutsche Wort Abwurfzwang verwendet wissen wollen. Das ist natürlich Unsinn. Denn erstens ist Abwurfzwang viel zu lang, zweitens müßte man dann, stellen Sie sich mal vor, statt Squeezekarte, Squeezeposition, gesqueezt, konsequenterweise Abwurfzwangskarte, Abwurfzwangsendstellung und abwurfgezwungen oder gar *geabwurfzwangt* sagen, und drittens ist Abwurfzwang als Übersetzung von Squeeze schlicht *falsch*. Richtiger wäre: Zwangsabwurf nach erfolgter Ausquetschung, denn diesen physikalischen Vorgang beschreibt das kleine, wohlklingende Wörtchen Squeeze, das im übrigen auch von den auf sprachliche Reinheit bedachten Franzosen (le squeeze, squeezé) oder Italienern (squizzato), zwei führenden Bridge-Nationen der Welt, vorbehaltlos übernommen wurde. Wenn also ein paar Möchtegerngermanen hier auf sprachliche Reinheit pochen – hören Sie einfach nicht hin.

Diese Leute würden wahrscheinlich statt Bridge »Brückenspiel« sagen, wenn sie könnten.

Die Kerne herauspopeln – was ist mit diesem Rätselwort gemeint? Wir sollten uns 100%ig sicher sein, daß unsere Zitronenhälfte nur Saft und keine Kerne mehr enthalten darf, wenn wir anfangen, sie auszuquetschen, d.h. alle Karten in der Hand, die gesqueezt werden sollen, müssen im Moment des Quetschens Wichtige Karten, Aktive Karten, Saftige Karten sein, es darf sich keine unwichtige, untätige, trockene Karte mehr darunter befinden. Beim Einführungsbeispiel im vorangegangenen Kapitel waren es im *zehnten* Stich *vier* wichtige Karten. Nehmen wir ein anderes Beispiel für eine Squeezeposition:

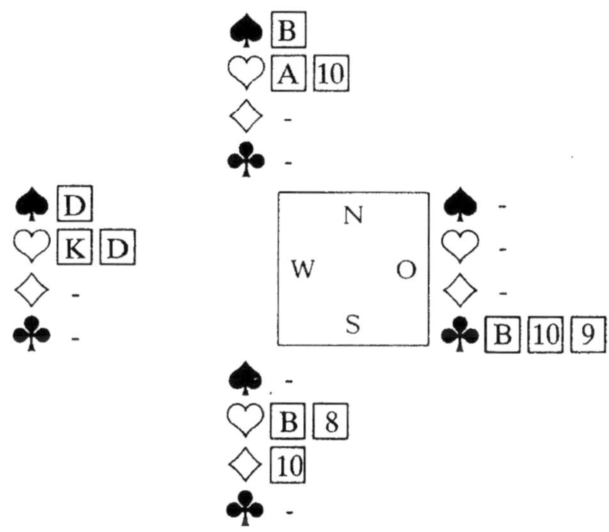

Endkontrakt: Irgendetwas in Sans Atout von Süd. Süd will durch einen einfachen, starren (positionellen) Squeeze gegen West alle drei Stiche machen. Repetieren wir schnell noch einmal die vier Squeeze-Elemente:

Erste Bedrohung: Pik Bube bei Nord
Zweite Bedrohung: Coeur As, 10 bei Nord
Verbindungsglied: Coeur As bei Nord
Squeezekarte: Karo 10 bei Süd

Süd spielt zum elften Stich die Squeezekarte Karo Zehn: West muß sich von einer seiner drei Saftigen Karten trennen. Wirft er die Coeur Dame, dann kann der Pik Bube des Tisches gehen, er hat seine Schuldigkeit als Bedrohung für Wests Pik Dame getan: Coeur As (der König fällt) und Coeur Bube machen die beiden letzten Stiche. Wirft dagegen West die Pik Dame ab, machen Pik Bube und Coeur As die beiden letzten Stiche. Im ersten Beispiel (voriges Kapitel) waren es im Moment des Squeezes

im 10. Stich = 4 Wichtige Karten

und hier sind es

im 11. Stich = 3 Wichtige Karten

in der gezwangsabwurften Hand: das bringt uns wieder einmal zu einer kleinen, einfachen Formel, die für nahezu alle Squeezearten gilt:

$$\mathbf{StNr + WK = 14}$$

wobei StNr die Nummer des Squeeze-Stiches und WK die Anzahl der wichtigen Karten in der gesqueezten Hand ist.

Wäre die Endposition so:

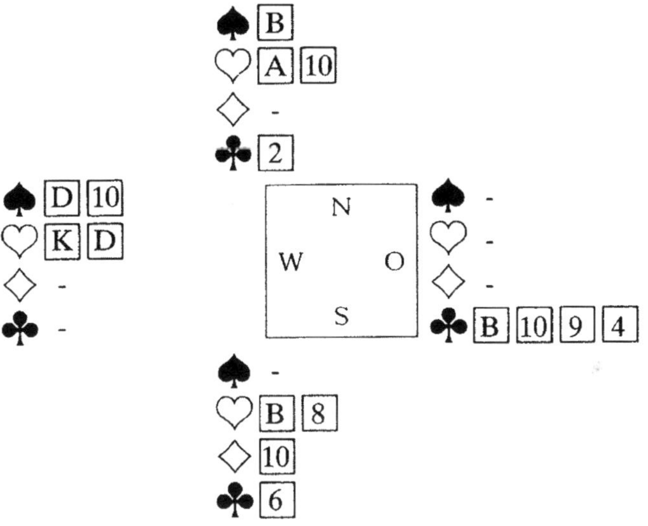

Endkontrakt: Sechs *Karo* von Süd, und käme Süd jetzt auf die Idee, die Karo Zehn in der Absicht zu spielen, den Westspieler in Pik und Coeur zu squeezen, wird er »Pech« haben: statt Saft kommt ein Kern, nämlich die Pik 10, heraus, eine unwichtige, untätige Karte, und Süd wird jetzt zwei Stiche verlieren. Süd hätte sich vor seinem Squeeze-Versuch sagen müssen: Moment mal, falls hier ein Squeeze gegen West gehen soll, muß er eine von drei Wichtigen Karten, nämlich Pik Dame und Coeur König, Dame abwerfen, wenn ich ihn ausquetsche. Drei! Diese ist aber erst der zehnte Stich, zu dessen Beginn alle Spieler noch vier Karten haben. StNr plus WK ist also nicht, wie gefordert, 14 sondern nur 13. Deshalb kann mein Squeeze *so* nicht funktionieren. Noch nicht. Ich muß vorher die unwichtige, untätige Pik Zehn bei West herauspopeln. Und wie mache ich das? Ich sage mir recht simpel: einen Treffstich muß ich doch sowieso verlieren, daran führt kein Weg vorbei. Also werde ich ihn *jetzt,* im zehnten Stich verlieren. Ich spiele also Treff 6 aus der Hand, West rückt die Pik Zehn heraus und ahnt schon Schlimmes, denn jetzt hat er nur noch drei wichtige Karten übrig. Ost gewinnt den Stich und kann nur Treff zurückspielen, der Arme. Ich trumpfe mit der Karo Zehn, und jetzt ist West wirklich »dran«. Und auch die Formel stimmt jetzt: Elfter Stich plus drei WK ist gleich 14.

»Die Kerne herauspopeln« heißt also nichts anderes als: diejenigen Stiche abgeben, die man ohnehin verlieren muß. Der Squeeze, das sollten wir uns einhämmern, kann nur dann funktionieren, wenn der zu squeezende Gegner im Moment der großen Quetsche keine »freie« Karte mehr hat, oder poetisch geknüttelt:

HAT DER »FEIND« NOCH FREIE KARTEN,
IST ZWANGSABWURF NICHT ZU ERWARTEN.

To rectify the count, so nennen es die Anglo-Amerikaner, wenn sie den später zu squeezenden Gegnern in Vorbereitung des Squeezes erst einmal die Stiche überlassen, die man sowieso gewillt ist, abzugeben. Sicher haben Sie, verehrter Leser, schon mal gehört, daß einer Ihrer Gegner am Bridgetisch den anderen belehrt hat: Menschenskind, Du hättest doch vorher den Count rektifizieren müssen! Das klingt natürlich fabelhaft und hört sich fast an wie chinesisch. Was es bedeutet, wissen Sie jetzt, und wenn Sie auch gern Fremdwörter benutzen, dann können Sie den obigen Merkvers in der entgermanisierten Form lernen:

DER SQUEEZE NUR WIRKLICH FUNKTIONIERT,
WENN MAN DEN COUNT REKTIFIZIERT.

KAPITEL 10

Hat die Zitrone nicht viel Saft wird eine zweite (r)angeschafft

Der doppelte Squeeze

(zunächst mal ohne Kernepopeln)

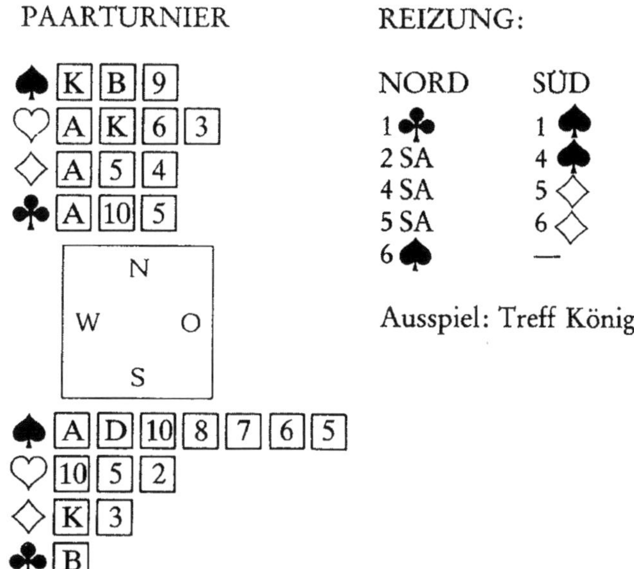

Die alte Leier: wir sind mit dieser Südhand in Sechs Pik gelandet und stellen nach dem spielplangemäßen Zählen unserer Stiche fest: zwölf! (sieben Pikstiche, zwei Coeurstiche, zwei Karostiche, ein Treffstich). Unsere Kampfmoral sagt uns aber wieder: zwölf Stiche sind nicht genug! Ich will unbedingt auch den dreizehnten Stich an Land ziehen, wenn es dafür eine Möglichkeit gibt. (Für diejenigen Leser, die nur unter unerhörtem Leistungsdruck richtig arbeiten können, sei angenommen, der Endkontrakt ist Sieben Pik. Wenn alle anderen, die hier nur Sechs Pik spielen, echte Turnier-Haifische werden wollen, müssen sie sich selbst unter diesen Leistungsdruck setzen: ICH MUSS DEN DREIZEHNTEN STICH GEWINNEN!)

Mit voller Absicht wurde hier zweimal vom dreizehnten Stich in der Einzahl gesprochen. Neben anderen Dingen, an die wir beim Stichwort Squeeze automatisch denken, soll uns Eines ganz klar sein: der Squeeze bringt IMMER NUR EINEN STICH zusätzlich. Wenn ich also NEUN Stiche sicher habe, bringt der erfolgreiche Squeeze NUR DEN ZEHNTEN, wenn ich ZEHN Stiche sicher habe, DEN ELFTEN, und so weiter.

Nach dieser Vorbereitung sehen wir uns gemeinsam die Nord- und Südhand an. Wo könnte der dreizehnte Stich herkommen? Hoppla, da gibt es eine ganze Reihe von Möglichkeiten: nach Treff-König-Angriff ist praktisch 100%ig sicher, daß West auch die Treff Dame hat. Nachdem der Single Bube von Süd beim ersten Stich verschwunden ist, wäre also die Treff Zehn des Tisches eine direkte Bedrohung für Treff Dame bei West, stimmt's?

ERSTE BEDROHUNG: Treff 10 von Nord gegen West.

Weiter: da ist die Coeur Zehn in der Südhand. Falls Coeur Dame und Bube in einer der beiden Gegnerhände »sec« sitzen, gewinnen wir den dreizehnten Stich auch ohne Squeeze. Wenn aber, was natürlich sehr viel wahrscheinlicher ist, eine der Coeurfiguren (oder beide) zu viert in einer Gegnerhand stehen, dann wird die Coeur Zehn zu einer Bedrohung gegen diese Hand.

ZWEITE BEDROHUNG: Coeur Zehn gegen West oder Ost.

Falls WEST durch die Coeur Zehn bedroht ist, dann ist der mögliche Squeeze ein alter Bekannter:

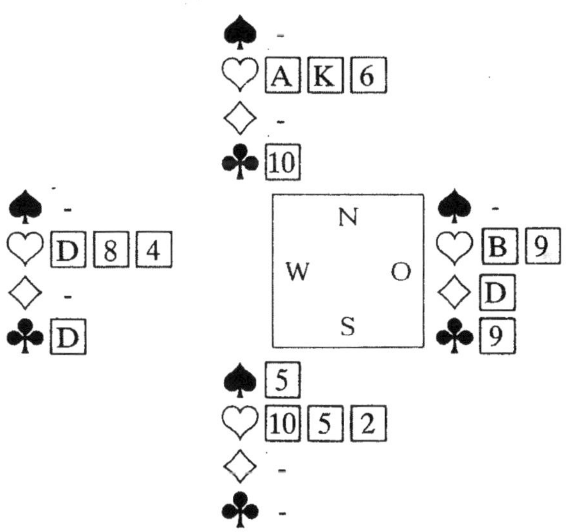

ERSTE BEDROHUNG: Treff Zehn (Nord) gegen Wests Dame
ZWEITE BEDROHUNG: Coeur Zehn (Süd) gegen Wests Dame
VERBINDUNGSGLIED: Coeur As, König bei Nord
SQUEEZEKARTE: Pik 5 bei Süd.

West hat in diesem Moment vier Wichtige Karten. Er darf sich von keiner trennen, denn wenn er es tut, machen wir den dreizéhnten Stich: wirft er die Treff Dame, dann macht die Treff Zehn Stich Nr. 13 (Coeur 6 wird entfernt). Wirft West dagegen die Coeur Vier ab, dann entfernt der Alleinspieler die Treff 10 des Tisches und macht drei Coeurstiche. West hätte also im zehnten Stich noch vier wichtige Karten. Der Squeeze (Spiel der Pik Fünf im zehnten Stich) wäre ein einfacher, starrer (positioneller) Squeeze gegen West, der nur funktioniert, weil der Tisch (Nord) nach dem Westspieler abwirft.

Soll man den Squeeze entsprechend vorbereiten und darauf spielen, daß

West in Treff (das wissen wir) und Coeur (das hoffen wir) bedroht ist? Gemach, gemach! Sehen wir uns lieber noch einmal die Hand an:

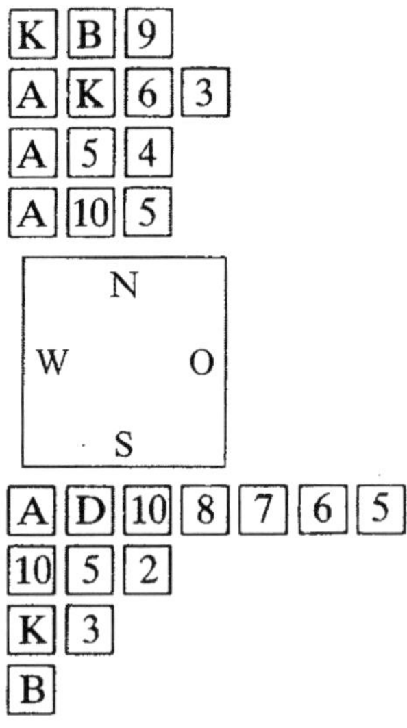

Es ist doch durchaus möglich – wenn nicht sogar wahrscheinlich –, daß nicht West, sondern Ost durch die Coeur Zehn bedroht wird. Dann verpufft der obige Squeeze-Versuch ins Leere: ich quetsche an einer ausgeleierten Zitrone herum, die gar keinen Saft mehr hat. Wenn wir annehmen, daß Ost derjenige Gegner ist, der ursprünglich vier Coeurkarten (oder mehr) hatte, heißt das für uns, daß wir resignieren müssen und mit zwölf Stichen nach Hause gehen? Keineswegs! Überlegen wir einmal: wenn West sich zum zehnten Stich an seiner Treff Dame und Ost sich an seiner Coeur Dame festklammern muß und ich quetsche jetzt erstmal an der West-Zitrone herum: dann – natürlich!, dann muß doch West sein drittletztes KARO abwerfen, das heißt, er hat zum elften Stich nur noch zwei Karokarten (plus Treff Dame). Und dann geht, noch immer im zehnten Stich, die Ausquetschung weiter! Vom Tisch schmeiße ich die ausgedient habende Treff Zehn weg, die brauche ich nicht mehr, und Ost? Du lieber Himmel, der muß ja AUCH ein Karo abwerfen, weil er sich nicht von der Coeur Dame trennen darf, das heißt, Ost hat nach erfolgter Ausquetschung ebenfalls nur noch zwei Karokarten! Und dann macht doch tatsächlich die anfangs so lächerlich wirkende Karo 5 des Tisches den dreizehnten Stich! Das gibt's doch gar nicht!

Doch, es gibt es, und zwar gar nicht so selten:

ZEHNTER STICH:

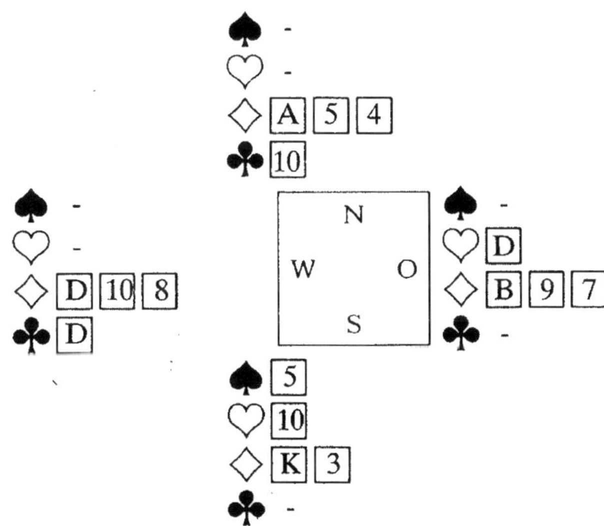

Die Quetschkarte Pik Fünf wird gespielt: West zappelt und gibt Karo 8, denn Treff Dame darf er angesichts der schrecklichen, drohenden Treff Zehn des Tisches nicht geben. Heiter wirft Süd die Treff Zehn weg. (Sein Gesichtsausdruck ähnelt dabei dem eines Lausbuben, der zu einem anderen »Ätsch!« sagt). Dann wendet er sich freundlich lächelnd dem Ostspieler zu. Der zappelt genauso und trennt sich ebenfalls von seinem drittletzten Karo. FINIS.

Die (nunmehr) fünf Elemente dieses klassischen Doppel-Squeezes (zu deutsch: Zweifachzwangsabwurfausquetschung) sind:

ERSTE BEDROHUNG: Treff Zehn (gegen West)

ZWEITE BEDROHUNG: Coeur Zehn (gegen Ost)

DRITTE BEDROHUNG: Karo Fünf (gegen beide)
VERBINDUNGSGLIED: Karo As
SQUEEZEKARTE: Pik Fünf

Auch unsere mathematische Formel stimmt: West hatte im Moment der Quetsche (zehnter Stich) noch vier wichtige Karten, und dadurch, daß er eine der drei Karokarten abwerfen mußte, war Ost in der gleichen verzweifelten Lage: StNr + WK = 14.

Nachdem Sie mit dieser Hand dreizehn Stiche gewonnen haben, werden Sie Ihren Partner mit scheinheiligem Gesicht fragen: Sag mal, wann reizt Du eigentlich mal Groß-Schlemm? Das war doch babyleicht!

Na ja, ganz so leicht war es nicht. Wir müssen uns nämlich irgendwann im Verlauf des Spiels für eine Squeeze-Art entscheiden: den einfachen gegen West oder den doppelten gegen Ost und West gemeinsam. Die besseren Chancen hat hier allemal der doppelte. Und wenn wir uns für diesen entscheiden, müssen wir Coeur As und König abspielen und Karo As als Verbindungsglied auf dem Tisch liegen lassen, während wir bei der Entscheidung für den einfachen Squeeze gegen West (in Treff und Coeur) Karo As und König abspielen müssen, bevor wir zu quetschen beginnen, sonst hätte West im Moment des Squeezes noch zwei Kerne, sprich, zwei unwichtige Karokarten.

Es ist hier zu empfehlen, bevor man die wichtige Entscheidung:

EINFACHER TREFF-COEUR-SQUEEZE GEGEN WEST oder
DOPPELTER SQUEEZE (TREFF-KARO GEGEN WEST UND
COEUR-KARO GEGEN OST)

trifft, eine Coeur-Runde und ingesamt fünf Trumpfrunden abzuspielen:

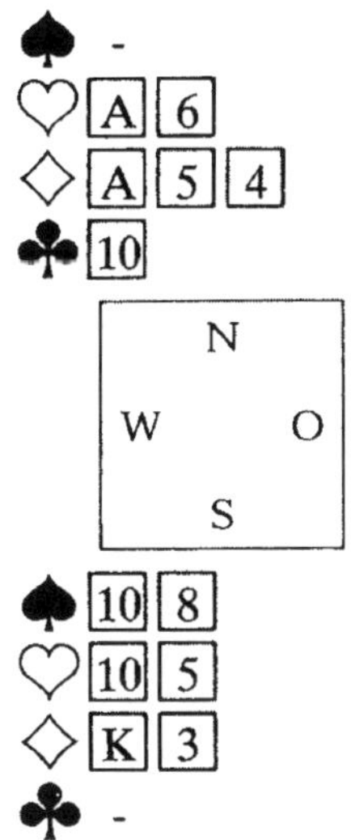

und dabei sehr aufmerksam die Abwürfe der beiden Gegner zu verfolgen. Vielleicht erfahren wir da schon einiges. Bis zu diesem Zeitpunkt konnten wir nämlich die Entscheidung aufschieben, ohne uns eine der beiden Möglichkeiten zu zerstören. Sorglose Ostspieler sehen zum Beispiel unser Entscheidungsproblem oder den drohenden Squeeze nicht voraus und werfen auf fünf Trumpfrunden ein paar kleine Coeur-Karten weg, was uns zu dem Schluß führen könnte, die wichtigen Coeur-Karten stehen bei West: einfacher Treff-Coeur-Squeeze gegen West. Ein anderer Ostspieler wirft keine einzige Coeurkarte, sondern nur Treffs und Karos weg. Wir schließen daraus: aha, der klammert sich an seiner Coeurhaltung fest, also werde ich den doppelten Squeeze spielen. Gegen gewiefte Gegner muß man natürlich mißtrauisch ein, denn sie werden uns trotz schwerster Sorgen Unbekümmertheit vorspielen und sich nur von solchen Karten trennen, die nicht zuviel verraten. Aber probieren kostet in diesem Fall bis zum siebenten Stich (einschließlich) gar nichts.

Jetzt allerdings, also nach dem siebenten Stich, müssen wir uns entscheiden:

1. einfacher Squeeze (Coeur-Treff) gegen West: wir spielen Karo As und König ab und anschließend die beiden letzten Trümpfe:

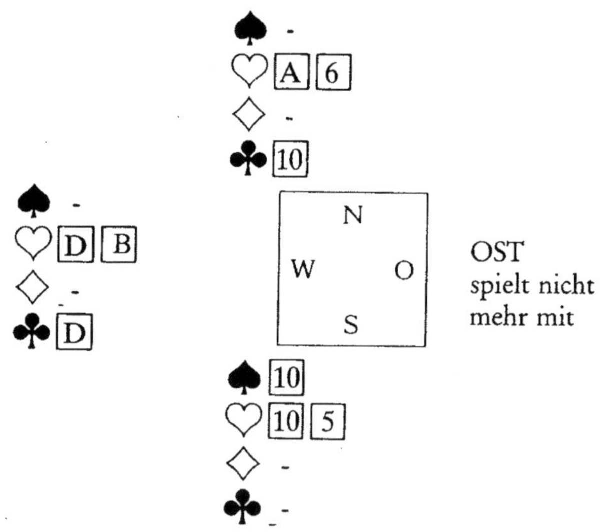

Pik Zehn squeezt West.

Oder 2. Doppelter Squeeze: wir spielen klein Coeur zum As, gehen mit Karo zum König in die Hand zurück und spielen die restlichen beiden Trumpfkarten:

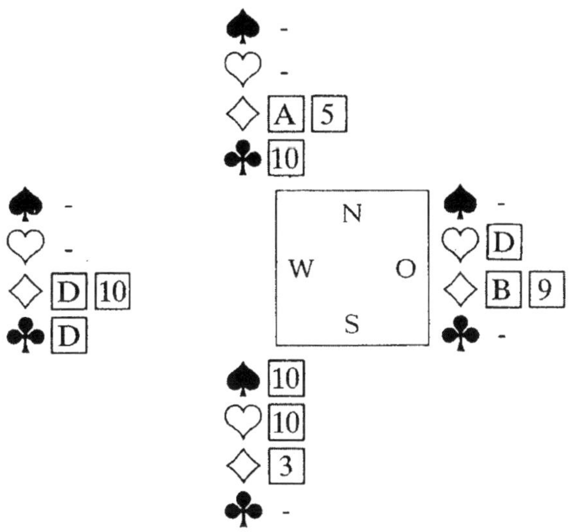

Pik Zehn squeezt erst West (Karo/Treff) und anschließend Ost (Coeur/Karo).

(Für alle Neunmalklugen, aber das sind wir – noch – nicht: es gibt bei dieser Hand eine dritte Squeeze-Chance, nämlich die des einfachen Coeur/Karo-Squeezes gegen Ost. Sie können sich die entsprechende Endstellung vielleicht selbst basteln. Für den Augenblick haben wir hier genug Theorie und Endstellungen zu verdauen.) Der doppelte Squeeze (= Dreifarbensqueeze) ist nicht nur eleganter und schöner als der einfache, er kommt in der Praxis auch häufiger vor, und wenn wir nicht zwingende Anhaltspunkte dafür haben, daß alle wichtigen Karten in *einer* Gegnerhand sind, werden wir uns im Zweifelsfall für den doppelten Squeeze entscheiden, denn:

HAT DIE ZITRONE NICHT VIEL SAFT,
WIRD EINE ZWEITE (R)ANGESCHAFFT.

KAPITEL 11

Ach, bitte, sagen Sie mir dies: *wann* spielt man denn nun einen Squeeze?

Der Spielplan sagt dir, wie und wann dein Squeezeversuch gelingen kann!

Wenn man die schwierige Aufgabe und große Freude hat, einer recht aufgeschlossenen, fortgeschrittenen und lerneifrigen Klasse mit vorgefertigten, duplizierten Übungshänden und einer großen Demonstrationstafel Bridge-Unterricht zu erteilen, erreicht man beim Thema Squeeze immer eine Schranke oder Schwelle, die zu durchschreiten bzw. zu überspringen, dem größeren Teil der Klasse immense Schwierigkeiten zu bereiten scheint.

Es kommt dem Lehrer immer wie der tragikomische Kampf des Ritters von der Traurigen Gestalt gegen die Windmühlenflügel vor. Er kann den Gegner nicht packen, weil er ihn nicht zu sehen vermeint, und die Nackenschläge kommen unversehens, gewissermaßen aus einer irrationalen Dimension. Schuld daran ist aber nicht die Klasse, sondern Lehrer Don Quijote von la Mancha höchstpersönlich, weil er der Sache nicht auf den Grund zu gehen oder zu sehen versucht. Dieser Versuch sei nun hier unternommen.

Das Argument, mit Resignation in der Stimme vorgetragen, das Don Quijote nach einer ausführlichen Squeeze-Stunde mit etlichen Beispielhänden und Squeeze-Endstellungen stereotyp zu hören bekommt, lautet:

»Fabelhaft, Herr Lehrer! Mathematisch, physikalisch, zitronenmäßig habe ich verstanden, worum es geht. Die Theorie ist ganz prächtig. Nur, wann weiß ich in der Praxis, mit dreizehn Karten in meiner Hand und am Tisch, ob ich einen Squeezeversuch unternehmen soll oder nicht, hm? Und wie kann ich Ihre ausgezeichneten Endstellungen zum zehnten oder elften Stich voraussehen?«

Die Antwort auf diese häufige Frage ergibt sich – wer hätte es gedacht? – aus dem gewissenhaften und sorgfältigen Spielplan.

Den Schüler (oder Leser?) an die absolute Notwendigkeit des Spielplans heranzuführen, ist eine ähnlich dankbare Aufgabe, wie ein Kind von der Notwendigkeit zu überzeugen, sich allabendlich vor dem Schlafengehen die Zähne zu putzen. Nur die ständige Ermahnung, Abend für Abend, führt schließlich zum Erfolg.

Der Verfasser hält es für möglich, daß jetzt der eine oder andere Leser verärgert das Buch zuklappt und denkt: 'Was bildet der sich denn ein, ich bin doch kein Baby, so laß ich mich einfach nicht behandeln.' Schade.

Alle anderen Leser, die das Buch noch offen vor sich liegen haben, werden es nicht bereuen.

Der Spielplan, wir erinnern uns an frühere Zeiten, besteht aus sechs Fragen, die wir uns immer, immer, immer selbst stellen und zu beantworten versuchen:

1. Wie lautet der Kontrakt? (Zusatzfrage 1a) im Paarturnier: wie ist die Qualität des Kontraktes? Ist es ein Allerweltskontrakt, in dem jeder drin ist, oder ist es ein außergewöhnlicher Kontrakt, den nur wenige erreicht haben?
2. Wieviele Stiche muß ich also machen?
3. Wieviele Stiche habe ich bereits? Und wieviele (fehlende) Stiche muß ich deshalb noch entwickeln, finden oder stehlen?
4. In welchen Farben kann ich diese fehlenden Stiche entwickeln, finden oder stehlen, und welche Spieltechnik steht mir dafür zur Verfügung?
5. Drohen mir irgendwelche Gefahren, wenn ich mich für eine bestimmte Spieltechnik entscheide?
6. Kann ich dieser Gefahr begegnen?

Der schwierigste Punkt, das wurde schon gesagt, ist zweifellos die Antwort auf Frage Nr. 4. Schwierig ja, unlösbar – nein. Wenn es ein einziger Stich ist, der noch fehlt, wird man nacheinander alle technischen Gedächtnisschubladen aufziehen und hineinschauen, ob das Passende vielleicht drin ist. Glaubt man, das Passende gefunden zu haben, zum Beispiel: ein einfacher Schnitt oder die Etablierung (das Hochspielen) einer Nebenfarbe oder der Cross-Ruff (Schnipp-Schnapp) oder die Elimination oder ein Dummy Reversal (die lange Trumpfhand schnappt) oder ein Squeeze, dann wird man es in Gedanken noch einmal überprüfen (Fragen 5 und 6). Wenn man noch nicht so richtig auf den Squeeze als technische Möglichkeit gedrillt ist, wird man dennoch auf ihn als Ultima Ratio verfallen, wenn alle anderen Möglichkeiten versagen und aus technischen Gründen nicht gehen können. Häufig wird der squeeze-ängstliche Spieler als einzige Möglichkeit einen Schnitt (Impass) ansehen, ohne sich zu überlegen, daß a) der Schnitt immer nur 50% Erfolgsaussicht oder b) dieser spezielle Schnitt Null Erfolgsaussichten hat, weil er auf Grund der Reizung gar nicht sitzen *kann.*

Wir haben uns also nach gewissenhafter Überprüfung aller unserer Möglichkeiten zum Squeezeversuch entschlossen, weil wir sonst keine oder nur eine wenig erfolgversprechende Möglichkeit gefunden haben. Gut.

Nach diesem Entschluß begeben wir uns auf die Suche nach Karten, die noch keine Stiche sind, die aber den Gegner bedrohen: Du, Du, wenn Du in der Farbe was wegschmeißst, dann mache ich einen Stich! Wenn wir eine erste Bedrohung dieser Art gefunden haben, notieren wir in Gedanken:

ERSTE BEDROHUNG (gegen links oder rechts)

Das genügt aber noch nicht. Wir wir inzwischen wissen, brauchen wir zum Squeeze noch mindestens eine zweite Bedrohung. Wenn wir noch eine finden, notieren wir:

ZWEITE BEDROHUNG (gegen links oder rechts)

Jetzt können wir schon einen erfolgreichen Squeeze-Versuch gegen eine der beiden Gegnerhände starten, aber umsichtigerweise prüfen wir noch, ob nicht auch die dritte Farbe eine Bedrohung darstellen könnte, falls die beiden anderen Bedrohungen nicht gegen ein und dieselbe Gegnerhand gerichtet sind:

DRITTE BEDROHUNG (gegen links *und* rechts,
falls die erste und zweite nicht gegen einen
und denselben Gegner gerichtet sind)

Wenn wir zu dem Schluß gekommen sind, zwei oder gar drei Bedrohungen zu haben, sind wir entschlossen, den Squeeze zu spielen.

Sind es zwei Bedrohungen, die uns zur Verfügung stehen, dann müssen wir in Gedanken alle wichtigen Karten in die bedrohte Hand geben (links oder rechts) oder, mit anderen Worten, uns das Squeeze-Opfer, die Zitrone, aussuchen. Oft ist das bei der Lage der Karten gar nicht so schwer: meistens verrät uns das Ausspiel oder bisherige Gegenspiel schon eine ganze Menge über die Hand, in der sich die wichtigen Karten *einer* Farbe befinden sollten oder gar unbedingt befinden müssen. Und dann packen wir – noch immer in Gedanken und voller Zitronenhoffnung – die zweite bedrohte Farbe einfach dazu und haben unser Opfer gefunden. Bald ist es soweit – werden Sie doch nicht ungeduldig, Herr Gegner, lassen Sie mich doch, bitte, zu Ende denken!

Nachdem wir für den Zweifarben-Squeeze (= einfacher Squeeze) unser Opfer lokalisiert haben, sind wir noch nicht ganz fertig: jetzt stellen wir uns die Endposition vor, in die wir kommen müssen, bevor die große Quetscherei losgeht. Wir überprüfen, ob das Verbindungsglied hinter dem Bedrohten vorhanden ist, und wir überprüfen vor allem, ob wir vor dem Auspressen noch Kerne herauszupopeln haben, das heißt, ob der Squeeze auch wirkam werden kann (StNr + WK = 14). Wenn diese Frage erledigt ist, kann es los gehen. Wir geben dem Gegner, was des Gegners ist, dann squeezen wir ihn.

Sind es dagegen drei Bedrohungen, die wir gefunden haben, werden wir uns in aller Regel für den doppelten Squeeze entscheiden, es sei denn, wir wissen oder vermuten sehr stark, daß die erste und die zweite Bedrohung gegen ein und dieselbe Gegnerhand gerichtet ist.

Ohne diese planmäßigen Überlegungen, das Zähneputzen, vor der

Spieldurchführung, das sehen Sie, geht es einfach nicht. Squeeze heißt nicht, einfach mal eine lange Farbe abspielen, mal sehen, was dabei herauskommmt, sondern Squeeze heißt, Bedrohungen ausfindig machen, das oder die Squeeze-Opfer aussuchen, die Verbindungs- und Kern-Frage lösen und *dann* erst quetschen. Gelegentlich hat man Glück, wenn man ohne Überlegung einfach mal seine ellenlange Farbe herunterspielt. Zufällig zerstört man dabei nicht den recht empfindlichen Squeeze-Mechanismus. Oder zufällig fühlt sich einer der beiden Gegner mangels Kommunikation mit dem Partner gesqueezt, obwohl er es gar nicht ist. Aber Squeeze ist das nicht. Was für gutes Alleinspiel ganz allgemein gilt – der Spielplan –, hat für den Squeeze insbesondere Gültigkeit:

DER SPIELPLAN SAGT DIR, WIE UND WANN
DEIN SQUEEZEVERSUCH GELINGEN KANN.

KAPITEL 12

Am Anfang steht: Wie kann ich schneiden? Jetzt fragst du: Kann ich es vermeiden?

(Squeeze statt Impaß)

Der Schnitt oder Impaß ist die erste technische Feinheit, die der Bridge-Novize lernt, wenn er nicht schon vorher Skat oder Doppelkopf gespielt hat, wo es den Schnitt auch gibt. Für eine bestimmte Klasse von Spielern und Spielerinnen, die ihren Kopf nicht mit technischem Schweinkram vollstopfen wollen, ist der Schnitt auch schon technische Endstation – nein, Sie natürlich nicht, verehrter Leser, sonst hätten's ja des Biachl überhaupz ned kafft, oder?

Der Schnitt hat mathematisch, wir wissen es, normalerweise nur 50% Erfolgsaussicht, manchmal hat er 100%, weil wir aus der gegnerischen Reizung wissen oder aus der Kartenverteilung im bisherigen Verlauf erfahren haben, daß die betreffende Figur im Schnitt sitzen muß, und manchmal hat er Null Erfolgsaussichten, weil wir wissen, daß er nicht »sitzen« kann! Ihn im letzteren Fall doch zu probieren, ist gleichbedeutend mit dem Versuch, in England auf der rechten Fahrbahnseite zu fahren, weil man es so gelernt hat: es kann einfach nicht gut gehen. Dennoch wird beides probiert, am Bridgetisch häufiger als auf Englands Straßen, glücklicherweise.

Für die Fälle, in denen ein Schnitt nicht sitzen kann oder (häufiger) in denen uns die 50%ige Erfolgsaussicht zu gering, zu unsicher ist, gibt es für den fortgeschrittenen Spieler eine ganze Reihe von Möglichkeiten, den Schnitt zu vermeiden oder wenigstens bis zu einem möglichst späten Zeitpunkt aufzuschieben und ihn nur dann zu versuchen, wenn alles andere versagt. Der geschätzte Leser möge sich erinnern: im »Neuen Bridge-Gefühl« hatten wir schon mehrfach auf den Schnitt (50%) verzichtet, weil wir erheblich bessere Chancen im Dummy Reversal (68%) oder in der Elimination (100%) entdeckt hatten. Für den Squeeze gilt das in erhöhtem Maß.

Nach diesen Vorreden werden wir mal eine komplette Hand miteinander spielen. Zunächst sehen wir dabei nur die Nord-Süd-Hände, wie im wahren Bridge-Leben:

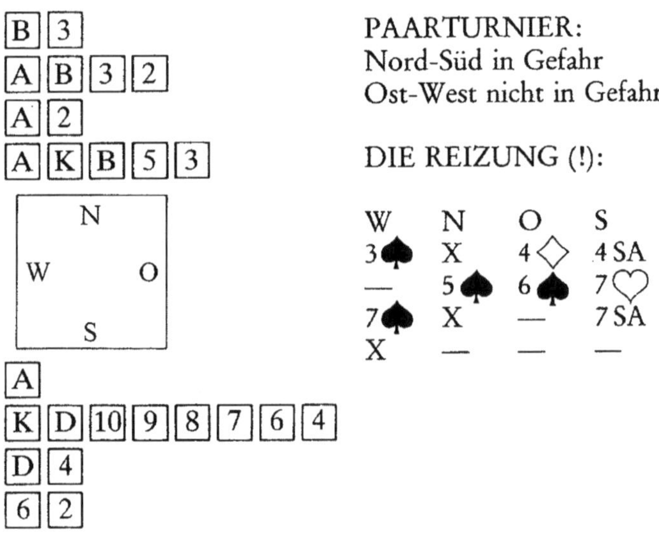

Man weiß nicht so recht, wer nach dieser Reizung mehr Herzklopfen hat, West oder Süd. Auf jeden Fall knistert es am Tisch vor Spannung, nachdem West mit dem Pik-König angegriffen hat. Süd nimmt mit dem As und versinkt in Brüten. Es ist unschwer zu erkennen, daß er einen Spielplan macht. Er zählt Stiche und wir gesellen uns zu ihm, mal hören, was er so denkt. Ich habe: acht Coeurstiche, zwei Treffstiche und je einen Pik- und Karostich, macht zusammen zwölf. Dreizehn muß ich machen. Vordergründig und auf den ersten Blick bietet sich der Treff-Schnitt gegen die Dame bei West an. Der hat aber nur 50% Chancen und nach Wests 3-Pik-Eröffnung wahrscheinlich etwas weniger. Und wenn er nicht sitzt, gehe ich uferlos down, weil dann die Pikstiche über mich kommen. Selbst wenn ich den Treff-Schnitt erst drei Runden vor Schluß mache, gehe ich down, denn dann hat Ost noch – Moment! Halt, Kutscher, das Pferd muß mal! Was hat denn Ost wirklich noch drei Runden vor Schluß? Wenn er die dritte Treff-Dame halten muß, dann ist doch gar kein Platz mehr da für eine vierte Karte? Und Ost hat doch höchstwahrscheinlich den Karo König nach seinem 4-Karo-Gebot? Dann wäre doch meine Karo Dame die

ERSTE BEDROHUNG: Karo Dame (Süd) gegen Ost

Ja, und die zweite Bedrohung liegt schon auf dem Präsentierteller:

ZWEITE BEDROHUNG: Pik Bube (Nord) gegen West

Und ich habe doch gelernt, daß die dritte Bedrohung, die hier Treff ist, gegen beide Gegnerhände gerichtet ist, wenn die erste und zweite gegen je einen gerichtet sind.

DRITTE BEDROHUNG: Treff Bube (gegen beide).

Die Hand ist ja ein offenes Buch: die Squeezekarte wird mein letztes Coeur sein, und der Übergang zum Tisch nach dem Ausquetschen beider Gegner ist Treff. So wird, nein so muß die Endstellung zum zehnten Stich sein:

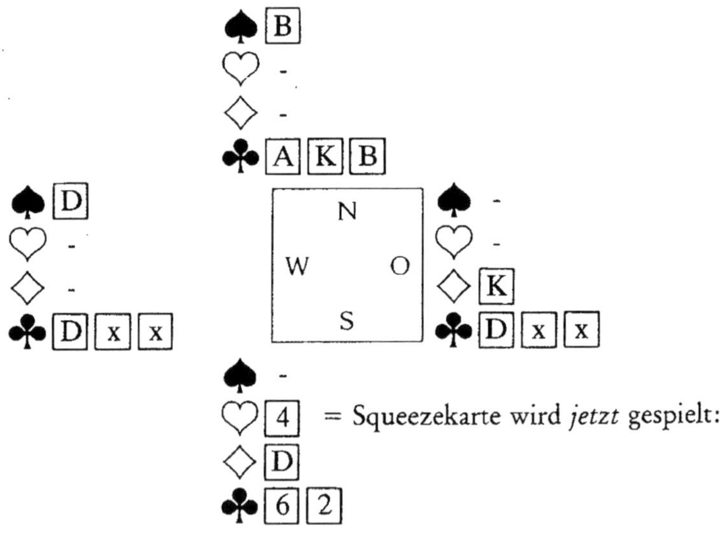

Sie haben ganz richtig gesehen: in dieser Hand gibt es ausnahmsweise zwei Treff Damen! Damit soll nur gezeigt werden, daß es uns ganz egal sein kann, wo die Treff Dame sitzt.

Beide Gegner müssen sich beim Squeeze von einer Treffkarte trennen. Und das veranlaßt mich jetzt, ein Anti-Schnitt-Gebet zum Bridge-Gott Samiel loszulassen: bitte, gib, daß der Treff-Schnitt *nicht* sitzt, denn dann fallen alle Südspieler, die auch in Sieben Sans-Atout geschoben worden sind und nicht den Bridge-Merkvers kennen: Am Anfang steht, wie kann ich schneiden? Jetzt fragst du: Kann ich es vermeiden?

Die ganze Hand (nur noch der Form halber):

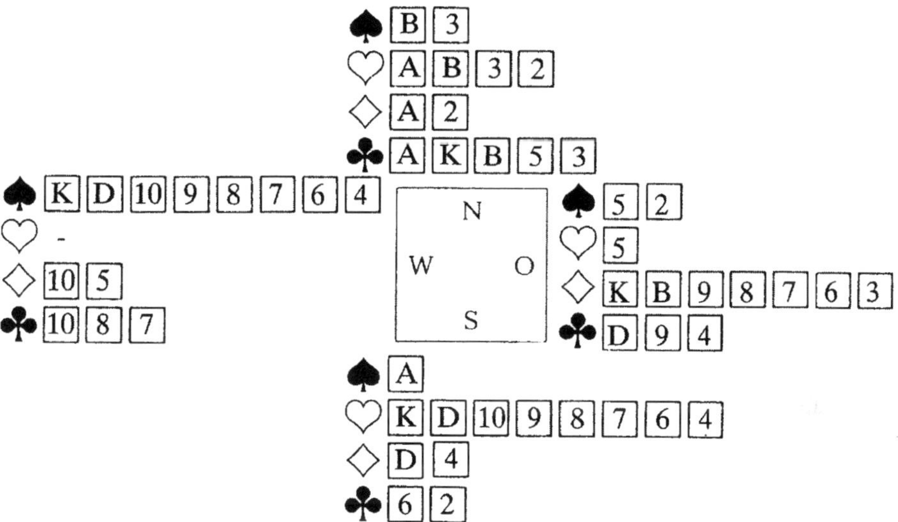

Um die gewünschte Endstellung zu erhalten, müssen wir lediglich das Karo As des Tisches kassieren (sog. WIENER COUP), bevor wir acht Runden Coeur abspulen. Hier noch einmal die Endstellung in Langschrift, auch zum Einpauken der fünf Squeezeelemente für den Doppelten Squeeze:

NORD

♠ ZWEITE BEDROHUNG (gegen WEST): DER BUBE
♡ —
♢ —
♣ DRITTE BEDROHUNG (gegen OST UND WEST): DAS AS, DER KÖNIG, DER BUBE; gleichzeitig: VERBINDUNGSGLIED

WEST	OST
♠ VON NORD BEDROHT: DIE DAME	♠ —
♡ —	♡ —
♢ —	♢ VON SÜD BEDROHT: DER KÖNIG
♣ VON NORD BEDROHT: DREI STÜCK	♣ VON NORD BEDROHT: DREI STÜCK

SÜD

♠ —
♡ DIE SQUEEZE-KARTE: DAS ACHTE COEUR
♢ ERSTE BEDROHUNG (gegen OST): DIE DAME
♣ VERBINDUNG ZUM TISCH: ZWEI KLEINE

Der Treff Bube ist natürlich eine hundsgemeine Karte in dieser Hand: er kann einen denkfaulen oder unerfahrenen oder squeezeängstlichen Alleinspieler dazu veranlassen, hier das Falsche, nämlich den Treff-Schnitt, zu machen. Wäre der Bube gar nicht da, sondern statt seiner eine kleinere Karte, würden die drei genannten Spielergruppen möglicherweise auch den Doppel-Squeeze entdecken, weil es keine andere Möglichkeit gibt. Tun Sie sich den Gefallen, verehrter Leser, Don Quijote bittet Sie darum: Nehmen Sie ein altes Kartenspiel zur Hand und legen Sie für sich allein und mit jedem Bridgefreund, den Sie auch für den Squeeze interessieren und begeistern wollen, möglichst oft die Endstellungen aus, die wir bisher und im Folgenden leider nur Schwarz auf Weiß und nicht in schönen bunten Karten für Sie darstellen können. Und denken Sie im Zusammenhang mit dieser Hand, wenn Sie das hinterhältige Grinsen des Treff-Buben am Tisch richtig deuten, an den ganz wichtigen Merkvers:

AM ANFANG STEHT: WIE KANN ICH SCHNEIDEN?
JETZT FRAGST DU: KANN ICH ES VERMEIDEN?

KAPITEL 13

Beim Squeeze denk' an ein rohes Ei: zu früh bricht er dir sonst entzwei!

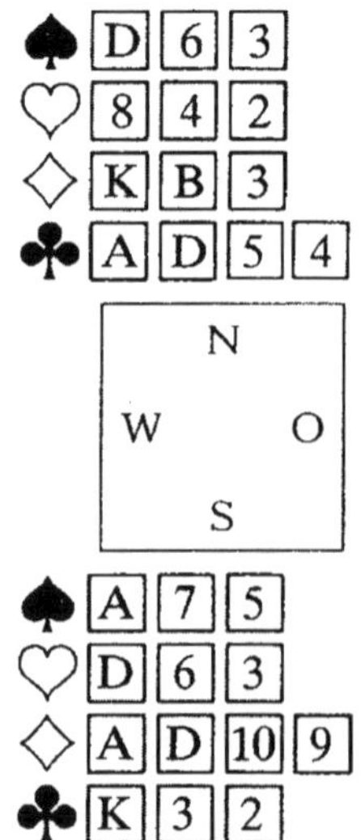

s. Anhang, S. 204

Süd ist mit 27 Punkten in den kombinierten Nord-Süd-Händen Alleinspieler in 3 SA geworden. West greift mit einem kleinen Coeur an, das Ost mit dem König gewinnt. Ost spielt Coeur zurück, und West macht drei weitere Coeurstiche. Zum fünften Stich spielt West Karo Acht. Jetzt hat der Alleinspieler Zeit, seinen Spielplan zu machen, denn bisher war er ja damit beschäftigt, inbrünstig zu hoffen, daß West nicht fünf, sondern nur vier Coeurkarten hat. Die Hoffnung hat sich erfüllt, aber Süd zählt dennoch nur acht Stiche: einen Pik-, vier Karo- und drei Treffstiche. Den einen, fehlenden Stich könnte natürlich das vierte Treff des Tisches bringen, falls die gegnerischen Treffs im Verhältnis 3:3 aufgeteilt sind. Das hat, wie wir wissen, leider nur 36 Prozent auf seiner Seite. Ob es hier die Möglichkeit eines Squeezes gibt? Eines einfachen, versteht sich, weil Coeur als dritte Bedrohung längst verschwunden und Karo völlig dicht ist. Der Squeeze könnte also nur Pik und Treff angehen. Wie wäre es denn, wenn West den Pik König hätte, dann wäre doch die Pik Dame eine direkte und ernste Bedrohung für ihn? Nach Wests aggressivem Angriff von der Viererlänge spricht einiges dafür, daß er den Pik König hat. Außerdem hätte West nach dem vierten Coeur-Stich doch wahrscheinlich Pik zurückgespielt, wenn er den Pik König nicht hat. Ja, das ist einleuchtend. Also, ich nehme als ziemlich sicher an, daß der Pik König bei West steht und von meiner Pik Dame am Tisch bedroht wird.

ERSTE BEDROHUNG: Pik Dame (gegen West)

Gut, und da ich weiß, daß beim einfachen Squeeze beide Bedrohungen gegen ein und dieselbe Hand gerichtet sein müssen, nehme ich einfach hypothetisch an, daß West auch vier Treffkarten hat. Die Squeezestellung sollte demnach so sein:

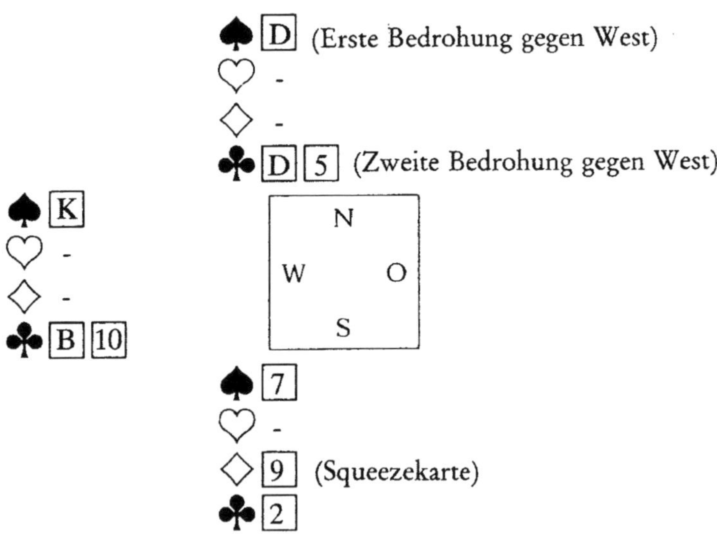

Es ist der elfte Stich, und West hat noch drei wichtige Karten. Dadurch, daß Ost-West erst einmal vier Coeur-Stiche kassiert haben, haben sie für den Alleinspieler den Count rektifiziert, also die Zitronenkerne herausgestochert. Elf (StNr) plus drei (WK) ist 14. Der Squeeze dürfte also funktionieren und tut es auch, wie man mit dem inzwischen abwurfzwangsendstellungsgeübten Auge sieht: Karo Neun wird mit sanftem Lächeln hingelegt, und West trennt sich entweder von der Treff Zehn, dann kann die drohende Pik Dame verschwinden, sie hat ausgedroht, oder West steckt einfach den Rest der Karten weg, weil er seinen Pik König nicht herausrücken will. Der Squeeze-Versuch ist hier eine Art Sicherheitsspiel gegen den Treff-4(West) – 2(Ost)-Stand und führt, wie wir sehen, zum Erfolg. Er scheitert, wenn Ost vier oder mehr Treffs hat, aber dann gibt es wohl kaum eine Erfüllungschance für diese Hand. Und falls die Treffs ursprünglich 3:3 verteilt waren, dann haben wir einen schönen Sicherheits-Squeeze gespielt, den wir am Schluß gar nicht brauchten, weil das vierte Treff des Tisches den neunten Stich gebracht hat.

Die große Gefahr bei dieser Hand besteht darin, daß der squeezeungläubige Südspieler erst einmal den – scheinbar – einfachen Weg zu gehen versucht (»wenn die Treffs 3:3 stehen, gewinne ich doch im Handgalopp«) und drei Treffrunden spielt, um bei der dritten Treffrunde mit einigem bis maßlosem Entsetzen festzustellen, daß West vier Treffkarten hatte. In seiner Neugier hat er nämlich dadurch den Squeeze-Mechanismus zerstört, der oft empfindlich ist wie ein rohes Ei:

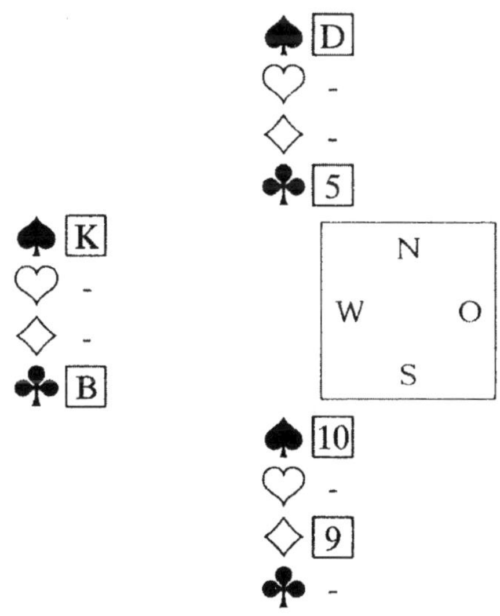

Durch Karo Neun ist West zwar noch immer gesqueezt, aber jetzt ist er derjenige, der mit sanftem, etwas nachsichtigem Lächeln den Treff Buben wegwerfen kann. Die Bedrohung durch die Treff 5 des Tisches ist wirkungslos, weil der Tisch nicht mehr erreicht werden kann: man sieht an diesem Beispiel ganz deutlich, wie wichtig das VERBINDUNGSGLIED ist, das Süd mit seiner Neugier zerbrochen hat. Er hatte vergessen:

BEIM SQUEEZE DENK' AN EIN ROHES EI,
SONST BRICHT ER DIR ZU SCHNELL ENTZWEI.

JUAN-LES-PINS 1974
PAARTURNIER

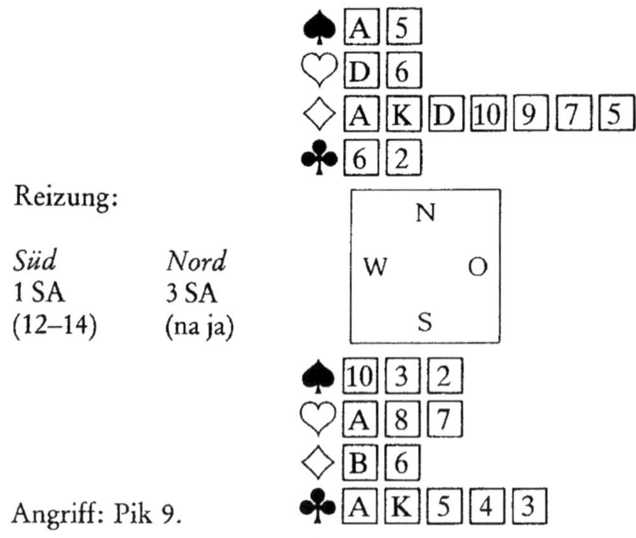

Süd macht seinen Spielplan: der Kontrakt gefällt mir gar nicht. Sechs Karo von Nord, erfüllt, falls die Treffs 4:2 stehen (1370), oder mit Überstich, falls die Treffs 3:3 stehen (1390) dürften den Top in diesem Board bringen und von etlichen der über 160 Nord-Süd-Paare erreicht worden sein. Wer nicht im Schlemm ist, spielt entweder Fünf Karo oder 3 SA, so wie ich. Die Fünf-Karo-Paare schlage ich natürlich mit 660 (3 SA + 2), aber was ist mit allen Drei-Sans-Atout-Paaren? Elf Stiche sind »gedruckt«: sieben Karo-Stiche, zwei Treff-Stiche und je ein Pik- und Coeur-Stich. Ich muß, um ein überdurchschnittliches Ergebnis zu erzielen, in dieser Hand zwölf Stiche machen, falls die Möglichkeit dazu besteht. So ungefähr sollten die Überlegungen des Alleinspielers zu Punkt 1a): wie ist die Qualität des Kontraktes? verlaufen.

Mein gestecktes Ziel ist also: zwölf Stiche.
Gesucht: 1 Stich.

Technik? Der Coeur Expaß (klein vom As zur Dame) könnte den 12. Stich bringen, falls Coeur König bei West sitzt, aber nein, das geht ja nach dem gemeinen Pik-Angriff nicht mehr: wenn das Pik As des Tisches mal weg ist, und das dauert nur noch ein paar Sekunden, darf ich ja nicht mehr aussteigen, weil sonst zahllose Pikstiche über mich kommen. Daher: Coeur-Expaß-Schublade zu, abgehakt, geht nicht. Was gibt es sonst noch? Nichts – außer einem Squeeze. Der Angriff Pik Neun deutet stark darauf hin, daß die Pikfiguren K, D und B bei Ost stehen. Das wäre also die

ERSTE BEDROHUNG: Pik Zehn (Süd) gegen Ost.

Gegen wen die Coeur Dame des Tisches eine Bedrohung ist, weiß ich nicht. Sicher ist nur, *daß* sie eine Bedrohung ist:

ZWEITE BEDROHUNG: COEUR DAME GEGEN ICHWEISS-NICHTWEN.

Falls Coeur König bei West steht und die Coeur Dame des Tisches damit zu einer ernsten Bedrohung der Westhand wird, kommt die Treff-Farbe als

DRITTE BEDROHUNG: Treff 5 (gegen beide Gegner)

hinzu und ich würde den doppelten Squeeze spielen. Sitzt dagegen der Coeur König bei Ost, müßte ich den einfachen Zweifarben-Squeeze in Pik und Coeur gegen Ost spielen. Wir hatten bei einem früheren Beispiel gesehen, daß man sich irgendwann für eine der beiden Squeeze-Arten entscheiden muß und mit dieser Entscheidung zwangsläufig den Mechanismus für die andere Squeeze-Art zerstört. (Von dieser Regel gibt es eine Ausnahme, auf die hier aber nicht näher eingegangen wird, um den ohnehin schon squeeze-strapazierten Leser nicht zu verwirren.) Aber wiederholen wir noch einmal das Entscheidungsdilemma des Alleinspielers:

EINFACHER SQUEEZE GEGEN OST (COEUR/PIK)
ENDSTELLUNG

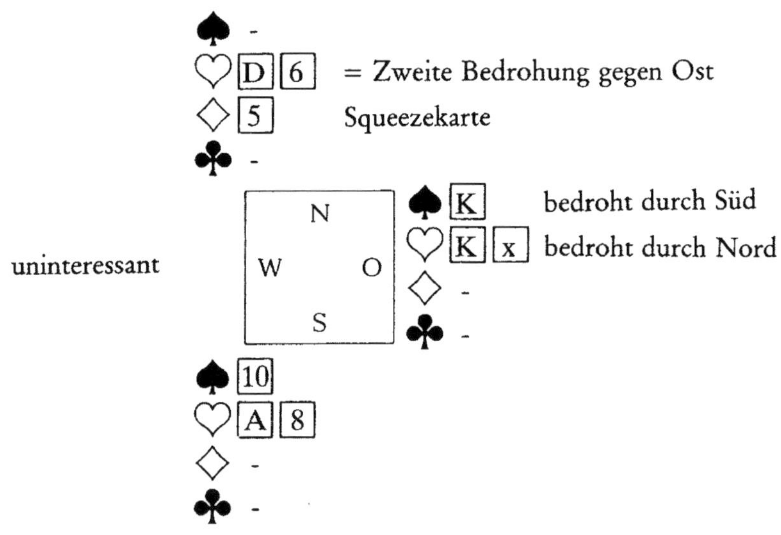

oder DOPPELTER SQUEEZE (Pik/Treff gegen Ost und Coeur/Treff gegen West.)

ENDSTELLUNG:

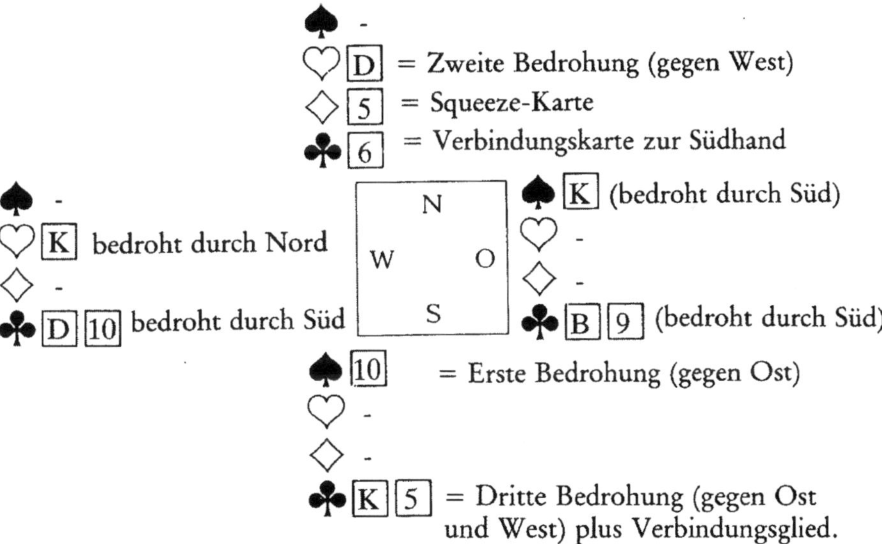

Sie sehen wieder ganz deutlich: im ersten Fall (einfacher Squeeze gegen Ost) mußten wir Coeur As als Verbindungsglied behalten, während wir beim Doppel-Squeeze Treff As oder König als Verbindungsglied in der Südhand behalten mußten.

Zurück zur Planung: Ich werde mich also wahrscheinlich für den Doppel-Squeeze entscheiden, einmal, weil ich den persönlich lieber spiele, und zweitens, weil ich mir davon mehr verspreche. Folglich werde ich Pik As nehmen und eine Treff-Runde, Coeur As und dann sieben Karo-Runden abspielen. Das wäre doch ein doppelter Squeeze. Die Endstellung zum zehnten Stich wäre dann:

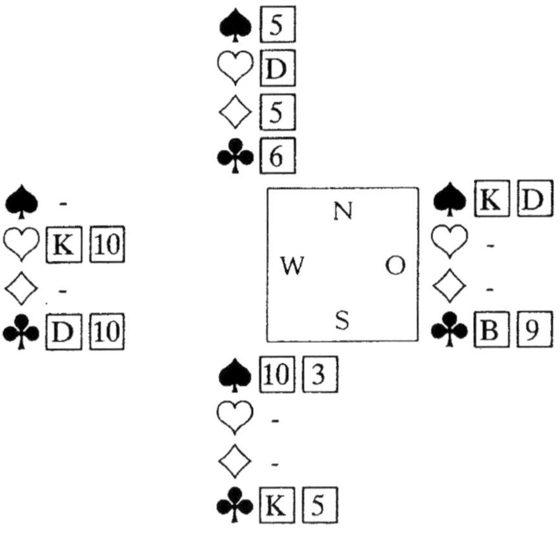

Dann werde ich die »Squeeze-Karte« Karo Fünf vom Tisch hinlegen: Ost wirft die Pik Dame ab, Süd die Pik Drei und West die Coeur Zehn. Mist! Beim Ausquetschen der beiden Zitronen sind nur Kerne herausgekommen. KEINERLEI SAFT! Irgendetwas war falsch. Der aufmerksame Zuschauer weiß natürlich längst, was falsch war: wir haben vergessen, die Kerne herauszupopeln. Wir wollten doch spielplanmäßig nur EINEN STICH zusätzlich gewinnen und wissen, daß wir deshalb vor dem Squeeze dem Gegner seinen einen Stich überlassen mußten. Ja, aber wann hätten wir das denn machen sollen oder können? Die Antwort ist so simpel wie eindeutig: nur beim allerersten Stich hätten wir das machen KÖNNEN und deshalb MÜSSEN.

Soweit war vor zehn Jahren Ihr sehr ergebener Don Quijote bei dem wunderschönen frühsommerlichen Turnier in Juan-les-Pins gediehen. Er spielte gegen zwei junge Engländer. Die ganze Hand:

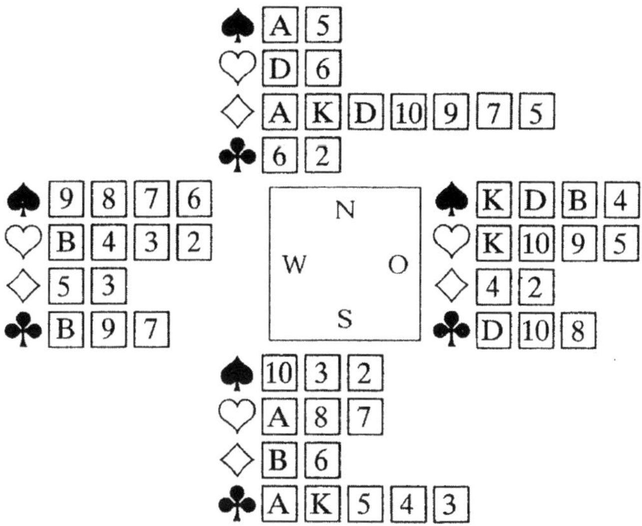

Angriff: Pik Neun. Spielplan (siehe oben). Pik 5 vom Tisch (die Kerne stochern!). Ost gewinnt mit Pik Buben und spielt Coeur Zehn!! Don Quijote, der von der Traurigen Gestalt, wußte nach diesem Rückspiel, daß er seine Entscheidung »DOPPEL« oder »EINFACH« nicht auf einen späteren Zeitpunkt aufschieben kann. Er spielte Coeur As, sagte freundlich zu den Gegnern: »Double squeeze: Spades/Clubs against you (zu Ost) und Hearts/Clubs against you (zu West)« und legte seine Karten offen auf den Tisch. Ost sagte: »Tough, Sir (= Pech gehabt, mein Herr)« und zeigte höflich eine einzige Karte seiner Hand: den Coeur König. In so einem Fall ist es richtig, den Ostgegner ernst anzusehen, dann den rechten Ärmel langsam hochzukrempeln, weit auszuholen – und dem Ostspieler anerkennend auf die linke Schulter zu klopfen: »Very well played, Sir. I like your Ten of Hearts! Beautiful defence!« Ost wußte aus dem langen Grübeln des Alleinspielers, aus der kilometerlangen Karofarbe des Tisches und aus dem count-rektifizierenden Abtauchen des ersten Stiches, daß Süd einen Squeeze vorbereitet. Ost wußte ferner, daß der einfache Coeur/Pik-Squeeze gegen seine Hand erfolgreich sein würde und versuchte deshalb, durch möglichst hohes Unterspielen seines Coeur Königs, eine schnelle Entscheidung herbeizuführen. Wenn man in so einer oder in einer anderen Situation vom Gegner reingelegt worden ist, durch faire, sportliche Mittel, versteht sich, dann ist es für alle Beteiligten besser, dem Gegner Anerkennung zu zollen, statt mürrisch und beleidigt den schlechten Score von 660 aufzuschreiben. An diesem Tisch, jedenfalls, kam Freude und so etwas wie Freundschaft auf, und jedesmal, wenn der Mann von La Mancha den britischen Ostspieler wiedertrifft, hebt er drohend den Zeigefinger und sagt nur: Ten of Hearts!

Zurück zum Squeeze: den Squeeze-Mechanismus zerstören, bedeutet also:

1. Den Count nicht zu rektifizieren, d.h. dem Gegner noch unwichtige, untätige, unsaftige Karten in seiner Hand zu belassen. (Formel: StNr + WK = 14).

2. Die Verbindung zu zerstören. Das kann durch
a) Unbedachtheit oder Neugier, oder
b) die falsche Entscheidung für eine von zwei Squeeze-Arten geschehen.

Wenn man den Entschluß gefaßt hat, einen Squeeze-Versuch zu unternehmen, dann soll man sich beim Spielplan wirklich ganz ernsthaft den Merkvers vergegenwärtigen:

BEIM SQUEEZE DENK' AN EIN ROHES EI:
ES BRICHT DIR ALLZU LEICHT ENTZWEI!

KAPITEL 14

Zitrone erst lokalisieren!
(heißt: die Bedrohung isolieren!)

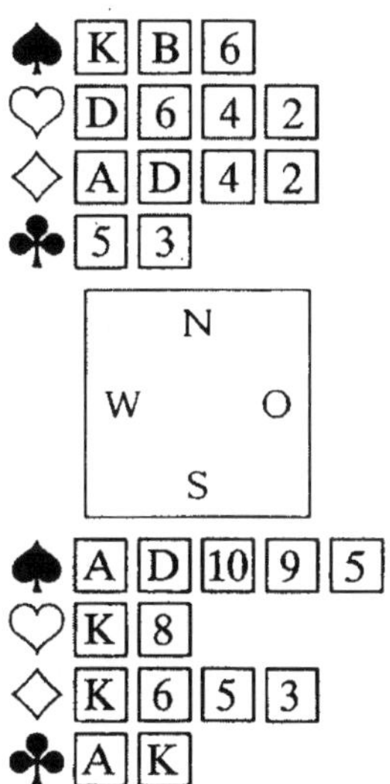

Eine ganz alltägliche Hand, in der Süd, wie die meisten von uns, in Sechs Pik gelandet ist.

Angriff: Treff Dame von West. Der Spielplan: Fünf Pikstiche, ein Coeurstich, drei Karostiche und zwei Treffstiche, sind zusammen elf. Und wenn die Karos beim Gegner 3:2 verteilt sind (68%), macht das vierte Karo aus Hand und Tisch den 12. Stich. Sieht doch sehr manierlich aus. Nur, wir sind ja seit dem zweiten Kapitel Sicherheitsfanatiker und seit dem fünften echte Kämpfernaturen. Was ist denn, wenn die Karos 4:1 oder 5:0 verteilt sind? Müssen wir dann unbedingt down gehen? Ja, lautet die Antwort, wenn wir ganz konventionell Trümpfe ziehen und dann zwei Runden Karo spielen, um die schlechten Nachrichten vom Karo 4:1-Stand zu erhalten. Dann müssen wir leider einen Pikstich und einen Karostich verlieren. Sollen wir hier einen Sicherheits-Squeeze einbauen, der, wie wir inzwischen wissen, nichts kostet, aber ungeheuer viel bringen kann? Wir wollen mal sehen: eine Bedrohung haben wir ja in Form der Karos, und zwar gegen diejenige Hand, die vier oder fünf Karokarten hat. Die zweite Bedrohung ist nicht so recht in Sicht, denn Treff scheidet aus, mangels Masse, und Coeur? Ah ja, falls diejenige Hand, die so viele Karos hat, auch vier Coeur-Karten hat, dann könnte unser viertes Coeur bei Nord die zweite Bedrohung sein. Aber dann hat doch die andere Gegnerhand drei Coeur-Karten und kann für die Coeurs sorgen, so daß der Karo-Mensch ruhig Coeur wegschmeißen kann, wenn er »gesqueezt« wird. Das ist im Prinzip ganz richtig, und aus diesem Grund müssen wir eben demjenigen, der nur drei Coeurkarten hat, alle drei wegnehmen, so daß er seinem Partner nicht mehr helfen kann, und das vierte Coeur des Tisches und des einen Gegners ganz alleine und isoliert in der Gegend rumstehen. Ja, das sollte gehen: Treff-Angriff wird zwangsläufig in der Hand gewonnen, und zum zweiten Stich wird Coeur König gespielt, den West mit dem As gewinnt, um Treff Bube hinterherzuspielen. Wieder gewinnen wir in der Hand und ziehen drei Runden Trumpf. Die Atouts standen bei den Gegnern 3:2, West warf zur dritten Atoutrunde ein kleines Treff weg. So, jetzt kommt der Isolierungsprozeß: Noch immer wissen wir nicht, wer unsere Zitrone ist, aber das ist uns im Moment (noch) egal: wir spielen klein Coeur zur Dame und trumpfen ein Coeur in der Hand. Beide Gegner bedienen. Jetzt wissen wir, daß die Coeur Vier des Tisches eine echte Bedrohung für denjenigen Gegner geworden ist, der das letzte

Coeur-Bild hat. Es war dies der achte Stich, der neunte steht bevor. Wenn die gesqueezte oder zu squeezende Hand vier Karo-Karten *und* das letzte Coeur hat, also insgesamt *fünf* WK (= Saftkarten), dann wäre doch StNr Neun gerade richtig zum Squeezen, denn 9 + 5 = 14. Also gut: Squeezen wir! Spielen wir unser letztes Pik. Wenn von West ein kleines Treff erscheint, wissen wir, daß er nicht unser Mann, unsere Zitrone war. Vom Tisch werfen wir ein kleines Karo weg, das Coeur muß selbstverständlich als Drohung gegen Ost liegenbleiben. Und Ost, falls er jetzt wirklich nur noch Karos und die letzte Coeur-Karte hat, ist gesqueezt:

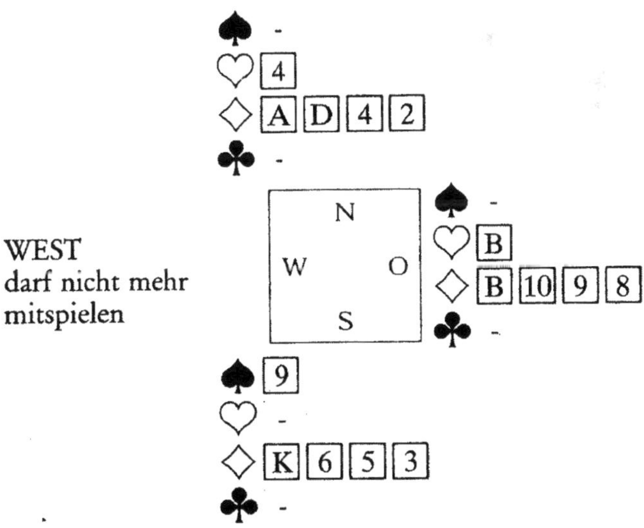

Dieser Sicherheits-Squeeze ist deshalb so schön und erfolgreich, weil einem bis zum Moment des Squeezes im neunten Stich im Prinzip piepegal sein konnte, ob West oder Ost die auserwählte Zitrone ist. Hauptsache ist nur, daß es diejenige Hand ist, die in beiden roten Farben bedroht wird. Der Squeeze wird Ihnen auch ganz glatt runtergehen, wenn Sie sich die gesamte Hand mit einem Kartenspiel zurechtlegen, wenn Sie Bridgegäste erwarten und die Squeeze-Ungläubigen auffordern, Sechs Pik auf Süd zu erfüllen.

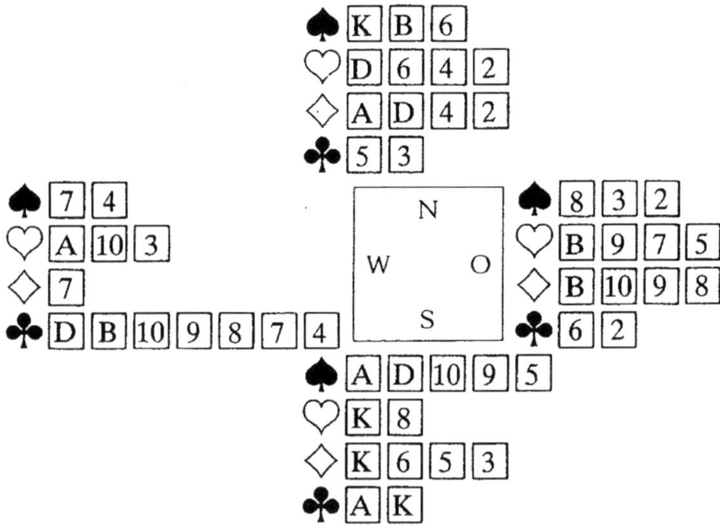

Für Perfektionisten: dadurch, daß wir die Drohung und damit die Zitrone isoliert und lokalisiert haben, indem wir erst Coeur-König abgespielt haben, wurde gleichzeitig der Count rektifiziert. Coeur As muß schließlich einen Stich machen, daran führt kein Weg vorbei.

Wenn sich bei einem solchen Sicherheits-Squeeze nachher herausstellt, daß er gar nicht nötig war, weil sich die Karos mit 3:2 völlig manierlich verhalten hätten, ist einem dennoch die Anerkennung des sportlichen Gegners gewiß; man ist höchstens – mit Recht – ein bißchen sauer, daß alle anderen Paare ohne Sicherheitsdenken auch zwölf Stiche gemacht haben. Aber der nächste Sicherheits-Squeeze kommt gewiß! Viel häufiger als Sie denken, und bei jeder Art von Kontrakten, also nicht nur beim Schlemm, sondern auch in 4 Coeur/Pik-, 5-Karo/Treff-Kontrakten und sogar in dem einen und anderen Teilkontrakt.

KAPITEL 15

Fehlt zum Squeezen dir die Kraft, wird das dem Gegner »angeschafft«.

(Der Suicide Squeeze – deutsch: Lackmeier-Squeeze)

Zwei sprachliche Vorbemerkungen: jemandem (Dativ) etwas anschaffen, ist eine in Süddeutschland durchaus gängige Ausdrucksweise für: jemanden (Akkusativ) mit etwas beauftragen; und Suicide Squeeze (wörtliche Übersetzung Selbstmord-Squeeze), nein, da sträubt sich dem Verfasser die Feder bzw. die Tastatur. Erstens will man am Bridgetisch wirklich nicht an Mord oder Selbstmord denken, und zweitens trifft, wie wir gleich sehen werden, Selbstmord nicht den Kern der Sache. Partnermord-Squeeze wäre da schon genauer. Wenn sich der Leser noch an das Smother Play im Kapitel »Nichts überstürzen, Trümpfe verkürzen!« erinnert, das sehr frei mit Lackmeier-Coup ins Deutsche übersetzt wurde: die Situation beim Suicide Squeeze ist verblüffend ähnlich, und deswegen wird er hier einfach mal Lackmeier-Squeeze genannt. Vielleicht setzt sich das durch.

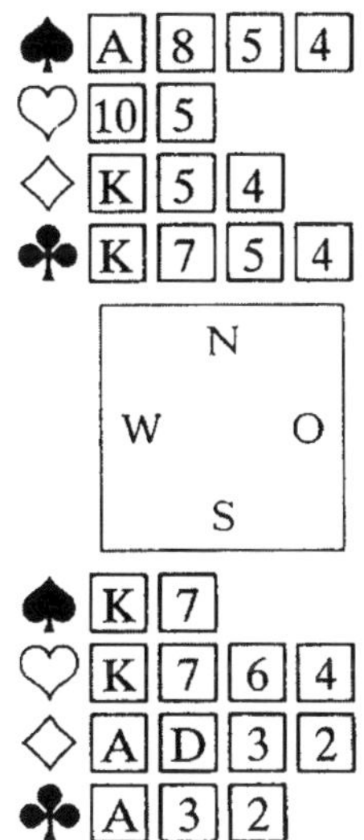

Süd ist Alleinspieler in 3 SA und erhält den Angriff Coeur 3 von West. Ost setzt das Coeur As ein und spielt Coeur 9 zurück, Süd bleibt in der Hand klein (einmal verweigern), West gewinnt mit Coeur Bube und spielt Coeur Dame zurück, die Süd in der Hand mit dem König nimmt. Vom Tisch wirft er ein kleines Karo, und Ost gibt ein kleines Pik zu. Süd hält Heerschau und was er sieht, stimmt ihn nicht gerade fröhlich: ein Coeur-Stich, zwei Pikstiche, zwei Treff-Stiche und drei Karo-Stiche sind an und für sich nur acht. Der neunte könnte natürlich die vierte Karokarte der Hand sein, aber heutzutage sitzen die Karos in 64% der Fälle 4:2 oder schlechter. Wenn ich wenigstens diejenige Hand, die vier Karos und vier Treffs oder Piks hat, ein bißchen ausquetschen könnte, dann könnte der neunte Stich durch einen Squeeze entstehen, aber ich habe ja nichts zum Squeezen, mir fehlt einfach die Kraft dazu (lies: ich habe keine Squeezekarte). Und plötzlich fällt der Groschen: ich weiß doch, daß West noch zwei Coeurstiche in seiner Hand hat! Wenn Ost derjenige ist, der vier Karo-Karten hat und zwangsläufig (er hatte ja nur double Coeur) eine zweite Farbe zu viert oder länger hält, dann wäre – dann könnte, nein, dann müßte doch West unerhörten Druck auf seinen Partner ausüben, wenn er seine beiden Coeurstiche kassiert. Ein Pik hat Ost schon abgeworfen, und wenn West jetzt zwei Runden Coeur spielt, muß Ost noch zweimal abwerfen. Der Pik-Abwurf deutet darauf hin, daß er Pik zu dritt oder double hat, dann hätte er eine der nachstehenden Originalhände gehabt:

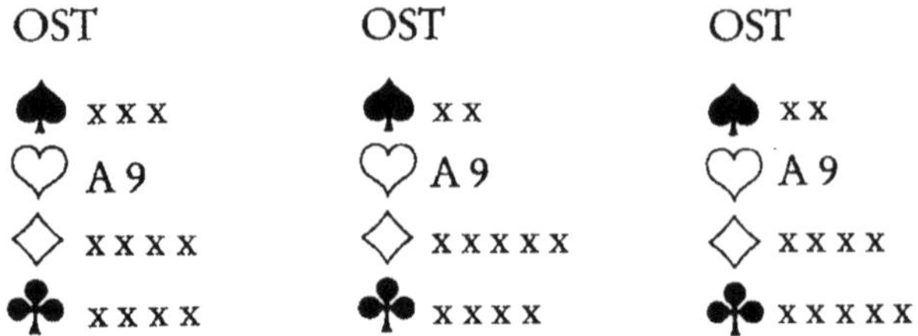

Ein Pik und die beiden Coeurs sind aus der Osthand schon abgereist. Und wenn jetzt noch zwei Runden Coeur von West folgen, und West dann erst Pik spielt, muß Ost insgesamt noch viermal abwerfen: Mensch, dann kommt der ja in die totale Quetsche zwischen Karo und Treff! Klar! West muß den Squeeze für mich spielen, weil ich selbst nicht genug Kraft dazu habe. Probieren kann ich das auf jeden Fall mal. Passieren kann mir gar nichts. Aus diesem Grund wird Süd jetzt, zum vierten Stich, Coeur spielen. West rennt in über achtzig Prozent der Fälle, verehrter Leser, in die Lackmeierfalle, die Sie ihm damit aufgestellt haben, und kassiert gedankenlos oder habgierig seinen vierten Coeurstich. Und squeezt damit seinen Partner.

Die Gelegenheit zum Lackmeier-Squeeze ergibt sich relativ häufig. Natürlich werden wir einen Klassespieler der ersten Kategorie damit nicht auf's Kreuz legen, denn der nimmt nur einen Coeurstich, wundert sich einen Augenblick über die Großzügigkeit des Alleinspielers, wird mißtrauisch und spielt dann zum fünften Stich Pik, und wenn er höflich ist, sagt er zum Alleinspieler: »Nein, danke, mein Herr! Ich will nichts geschenkt!« Die große Mehrheit unserer Bridgefreunde (Trojaner) nimmt aber das Geschenk der Danaer, ohne zu danken, an. Sehen wir uns mal die ganze Hand an und fragen Sie sich selbst, verehrter Leser: hätten Sie vor der Lektüre dieses Lackmeier-Kapitels den vierten Coeurstich für Ihre Seite kassiert, ja oder nein? Ehrlich! Besonders im Paarturnier, wo es doch um jeden Stich geht!

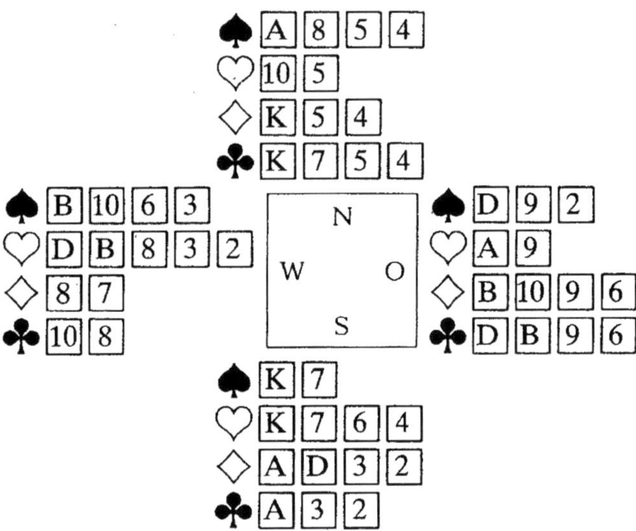

Während beim Trumpfverkürzungs-Coup des Smother Play der eingespielte Gegner absolut wehrlos war, konnte sich hier West wehren, das ist wahr, aber wenn er es nicht tut, ist der Squeeze perfekt:

FEHLT ZUM SQUEEZEN DIR DIE KRAFT,
WIRD DAS DEM GEGNER »ANGESCHAFFT«.

KAPITEL 16

Als Ausnahmen merk dir noch dies: zwei Stiche! Progressiver Squeeze!

und

Beim Squeeze-Endspiel wird *erst* squeeziert und *dann* der Count rektifiziert.

Wir kommen langsam zum Ende des langen Abschnittes, der sich mit dem Squeeze beschäftigt. Eigentlich schade, denn es gäbe noch so viel zu erzählen über Dutzende von verschiedenen Squeeze-Arten, mit den abenteuerlichsten Namen, die aber alle nur Variationen der beiden Grundarten:

1. Einfacher Squeeze (Bedrohung eines Gegners in zwei Farben)
2. Doppelter Squeeze (Bedrohung beider Gegner durch eine dritte Farbe und Bedrohung jedes Gegners in je einer Farbe)

sind. Allen diesen Squeeze-Arten, das wollen wir nie vergessen, sind zwei Merkmale gemeinsam:

1. DER SQUEEZE BRINGT NUR EINEN STICH ZUSÄTZLICH
2. VOR DEM SQUEEZE MÜSSEN DIE KERNE AUS DER ODER DEN ZITRONEN HERAUSGEPOPELT WORDEN SEIN, oder im seriösen Deutsch der Autorenkollegen:
   IM MOMENT DES SQUEEZES DARF DIE ZU SQUEEZENDE HAND KEINE UNTÄTIGE KARTE MEHR ENTHALTEN (StNr + WK = 14),
   DAS HEISST, MAN GIBT DEM GEGNER VOR DEM SQUEEZE
   ALLES BIS AUF DEN EINEN STICH, DEN MAN DURCH DEN SQUEEZE ZUSÄTZLICH GEWINNEN WILL.

Keine Regel, natürlich, ohne Ausnahme, und zwei der bekanntesten Ausnahmen von den obigen beiden Regeln seien hier – nicht der Vollständigkeit halber, sondern weil sie gelegentlich (1) bzw. außerordentlich häufig (2) vorkommen – mit Beispielhänden erwähnt:

(1) DER PROGRESSIVE SQUEEZE. Er ist eine Ausnahme von der 1. obigen Regel, denn er bringt zwei Stiche zusätzlich. Wie ist das möglich? Nach dem, was wir gelernt und, wie von Don Quijote gehofft wird, auch mathematisch, physikalisch und zitronenmäßig verstanden haben, kann der Squeeze doch nur einen Stich produzieren. Das ist richtig und gilt auch für den progressiven Squeeze. In Wirklichkeit besteht der progressive Squeeze nämlich aus zwei aufeinanderfolgenden Ausquetschungen, wobei ein und dieselbe Gegnerhand in drei Farben bedroht wird. Durch den Erfolg des ersten Squeezes wird der zweite erst ermöglicht. Das geht ungefähr so:

PAARTURNIER

DIE REIZUNG:

W	N	O	S
1♠	—	—	3 SA

10 3 2
A B 7
B 10 6 4
8 4 3

A 7
10 9
A K D 8 7 5 2
A D

Nach Wests 1-Pik-Eröffnung in erster Hand beschließt Süd ohne Befragung seines Partners einen Alleingang in 3 SA, was ja nicht ganz abwegig ist, denn er sieht in seiner Hand höchstwahrscheinliche sieben Karostiche und zwei schwarze Asse. Angriff: Pik König. Süd ist natürlich hocherfreut, als er die Coeurdeckung des Tisches erblickt, denn nun kann er absolut sorgenfrei in die Zukunft sehen. Er zählt: sieben Karostiche und in jeder anderen Farbe zunächstmal einen Stich, macht zehn. Und überlegt: den elften Stich könnte ich vielleicht in Coeur herauskitzeln, aber nein, das geht ja nicht, weil ich dazu einmal an den Gegner aussteigen muß und dann etliche Pikstiche verlieren werde. (Schublade Coeur-Doppelschnitt zu. Abgehakt. Geht nicht.) Den elften Stich könnte der Treff-Schnitt vom Tisch gegen Ost bringen – ach Unsinn, was denke ich denn da! Ost kann doch den Treff König gar nicht haben, der hat doch maximal zwei Punkte nach Wests Primäreröffnung. (Schublade Treff-Schnitt zu. Abgehakt. Geht nicht.) Hm. Wenn ich annehme, daß West alle fehlenden Bilder, also auch die Coeur Dame, hat, dann ist er ja eine Super-Bio-Zitrone für mich, denn dann bedrohe ich ihn in allen drei Farben: mit der Pik 10 und Coeur A B am Tisch und mit Treff A D in der Hand!

Beim Stichwort: Bedrohung ein- und derselben Gegnerhand in drei Farben fällt mir ein: als Ausnahme merke dir dies: ZWEI STICHE! Progressiver Squeeze! Junge, Junge, vielleicht suche ich hier gar nicht den ELFTEN, sondern den ELFTEN UND ZWÖLFTEN Stich nacheinander? Das müßte doch gehen! Was tue ich als allererstes, verehrter Leser? Beantworten Sie diese Frage bitte für sich allein, ohne Hilfestellung! Auch wenn Sie auf dem Kopf stehende Buchstaben, und von rechts nach links lesen können, gucken Sie bitte noch nicht hin, sehen Sie sich lieber noch einmal das Diagramm an.

Richtig! Sie wollen zwölf Stiche gewinnen, nicht dreizehn! Und deshalb überlassen Sie den ersten Stich (Pik König) dem angreifenden Westspieler.

West wird mit Pik fortsetzen. Die Pik Dame nehmen wir mit dem As, nicht nur, weil wir müssen, sondern auch, weil wir wollen. Und dann spielen wir sechs Karo-Runden ab. Nach zwei Pik- und sechs Karo-Runden sind wir zu Beginn des neunten Stiches in dieser Stellung angelangt:

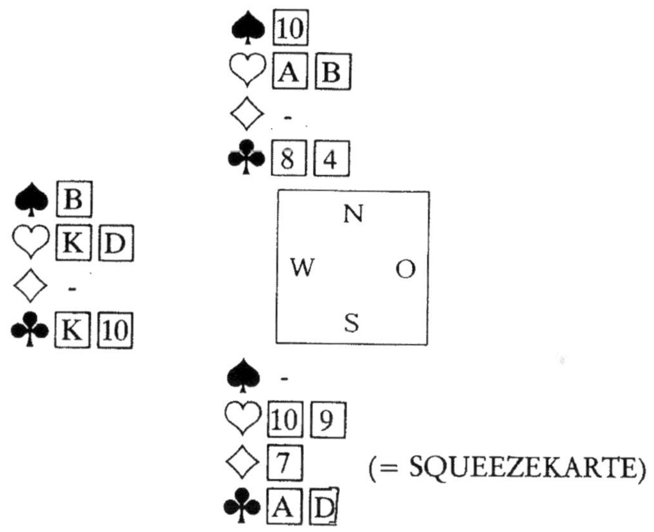

Es gibt für West beim Spiel der Squeezekarte Karo 7 drei Möglichkeiten. Keine ist besonders gut:

1. West wirft Pik B fort. Vom Tisch verschwindet Treff 4, mit Coeur As (Verbindungsglied) wird der Tisch erreicht, wo nun die Pik Zehn als ZWEITE SQUEEZEKARTE gespielt wird:

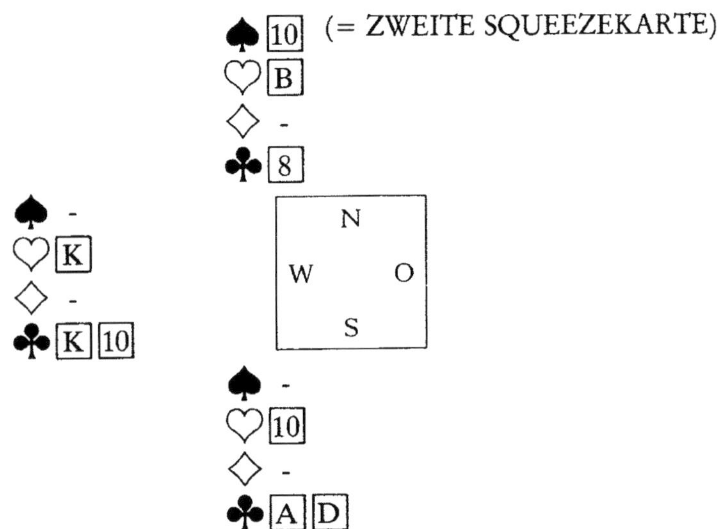

Beim Spiel der zweiten Squeezekarte Pik Zehn wirft der Alleinspieler aus seiner Hand die Coeur Zehn: West muß sich entweder von Coeur König oder Treff 10 trennen. Aus.

2. West wirft im Moment des ersten Squeezes Treff Zehn fort. Vom Tisch wird wieder Treff 4 gegeben, Treff As wird aus der Hand abgespielt, der König fällt, und Treff Dame wird als zweite Squeezekarte gespielt:

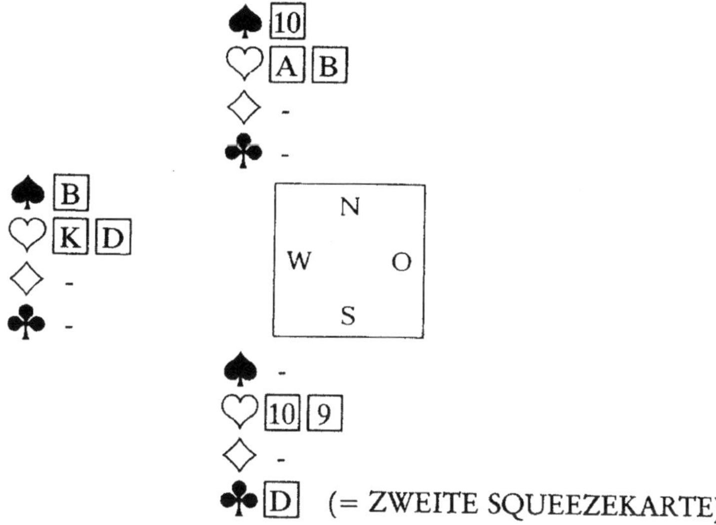

Diese Endstellung kennen wir ja schon lange: West klammert sich an dem Pik Buben fest und muß eine Coeur-Figur abwerfen, oder umgekehrt. Aus.

3. West wirft im Moment des ersten Squeezes Coeur Dame weg. Vom Tisch geht abermals die Treff 4. Es folgt Coeur 10 aus der Hand zum As. Jetzt ist Coeur Bube die zweite Squeezekarte:

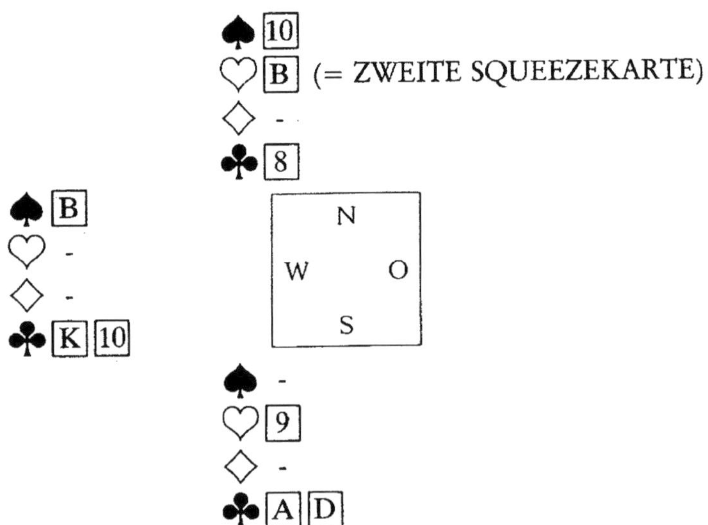

West möchte am liebsten aufhören, Bridge zu spielen, denn es ist wieder: Aus.

Jetzt kommt eine Frage an die Klasse: meine Damen, meine Herren: hätte der Westspieler etwas gegen den progressiven Squeeze tun können? War er hier völlig wehrlos? Setzen wir uns doch ruhig für ein paar Minuten auf Wests Stuhl:

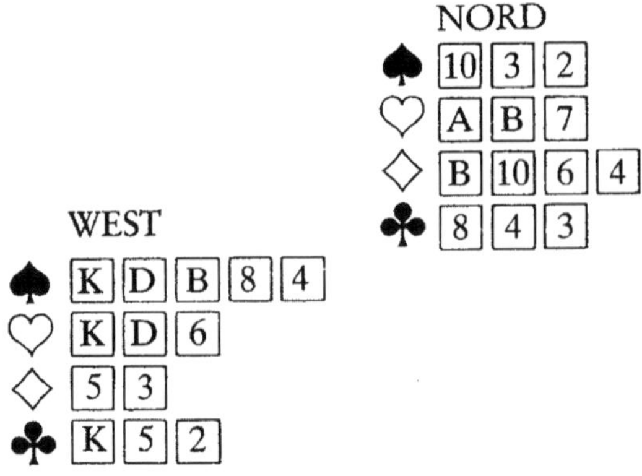

Er greift mit dem Pik König an, der nach langem, langem Denken des Alleinspielers bei Stich bleibt. Wenn West die Grundelemente des Squeezes kennt, dann weiß er zwei Dinge: falls er jetzt die Pik Dame nachspielt, wird die Zehn des Tisches zu einer Bedrohung seines Buben, und Coeur As, Bube des Tisches bedrohen ohnehin schon seine Coeur Figuren. Wenn ihm das klar ist, wird er versuchen, den drohenden Squeeze zu zerstören, indem er den Mechanismus dafür kaputt macht: mit Coeur König zum zweiten Stich unterbricht er die Verbindung zwischen Tisch und Hand und macht dadurch den »Squeeze« gegen seinen Pik Buben wirkungslos: der Tisch kann nicht mehr erreicht werden, nachdem die Drohkarte Pik Zehn zu einem theoretischen Stich geworden ist.

Der progressive Squeeze bietet sich immer dann an, wenn man aus der Reizung weiß, daß praktisch alle Wichtigen Karten in einer Hand sitzen müssen *und* diese Hand dann in *drei* Farben bedroht wäre.

(2) Es gibt eine Squeeze-Art, bei der die eiserne Regel, erst Kerne popeln, dann quetschen, auf den Kopf gestellt werden muß. Dieser Squeeze ist – wie gesagt – eine technische Ausnahmeerscheinung, kommt aber im alltäglichen Bridgeleben so häufig vor, daß er hier unbedingt erwähnt werden muß.

PAARTURNIER
Alle in Gefahr

REIZUNG

W	N	O	S
			1 SA
2 ◇	2 SA	—	3 SA
—	—	—	

Wests 2-Karo-Gebot ist ASTRO und heißt auf deutsch: Partner, ich habe Piks und eine andere Farbe und bin nicht ganz schwach. Ausspiel von West gegen 3 SA: Coeur Bube. Süd sieht:

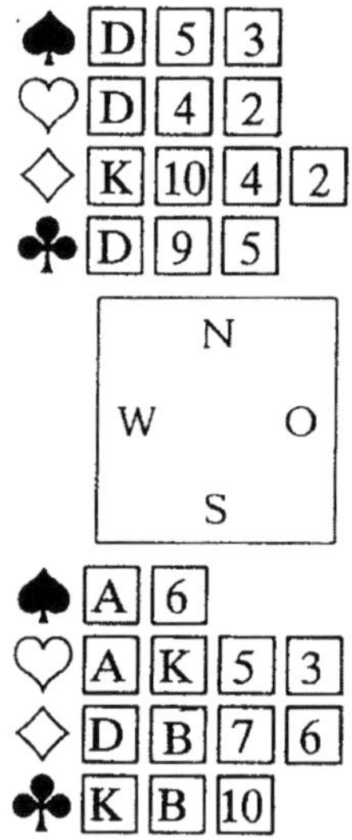

Süd zählt Stiche: im Moment hat er noch nicht so arg viele Stiche, aber da kommen ja eine ganze Menge auf ihn zu, wenn er die beiden Unterfarben-Asse bei den Gegnern herausgetrieben haben wird. Zeit dazu hat er nach Coeur-Bube-Angriff, weil er die Coeurs insgesamt dreimal stoppt. Er zählt: einen Pikstich, drei Coeur-Stiche und demnächst drei Karostiche und zwei Stiche in Treff. Der Kontrakt ist also nicht in Gefahr. West hat offensichtlich eine Hand, die ungefähr so aussehen dürfte:

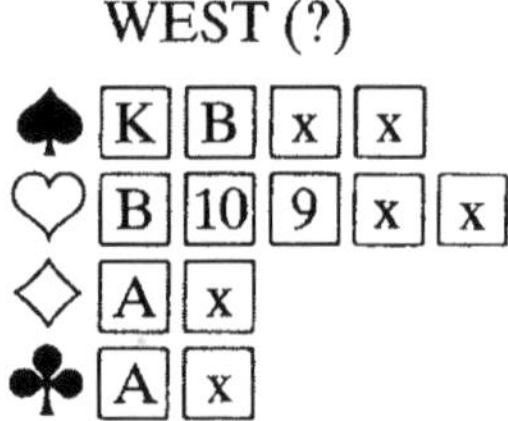

Schade, daß Partner Nord nicht kontriert hat, das wäre ja mit 800 oder 1100 ein Festschmaus geworden, denn mehr als vier Stiche kann West mit dieser Hand kaum machen; na ja.

Mit einer Fünfer-Pik-Länge hätte er wahrscheinlich Pik ausgespielt, denn immerhin hat er zwei Unterfarben-Asse, also den Zeitvorsprung auf seiner Seite, um insgesamt drei Pikstiche zu entwickeln. Er hat aber mit Coeur Bube angegriffen, was auf den obigen Verteilungstypus schließen läßt.

Ich habe also neun Stiche sicher, denkt Süd, und mache mich mal auf die Suche nach dem zehnten. Meine Zitrone kann hier nur die Westhand sein, denn Ost dürfte absolut punktlos sein. Wenn ich erst einmal die beiden Unterfarben-Asse bei West heraustreibe und dieser jedesmal Coeur zurückspielt, kann ich den indizierten Pik-Expaß zur Dame nicht mehr spielen, weil dann die letzten beiden Coeurs bei West hoch sind und ich insgesamt fünf Stiche verliere: die beiden Unterfarben-Asse, zwei Coeurstiche und den Pik König. Also: Pik-Expaß-Schublade zu, abgehakt. Geht nicht. Tun wir mal einen Blick in die nahe Zukunft: Wenn ich alle Stiche meiner Hand mit Ausnahme von Pik As abziehe, dann sähe das zu Beginn des zehnten Stiches doch allerwahrscheinlichst so aus:

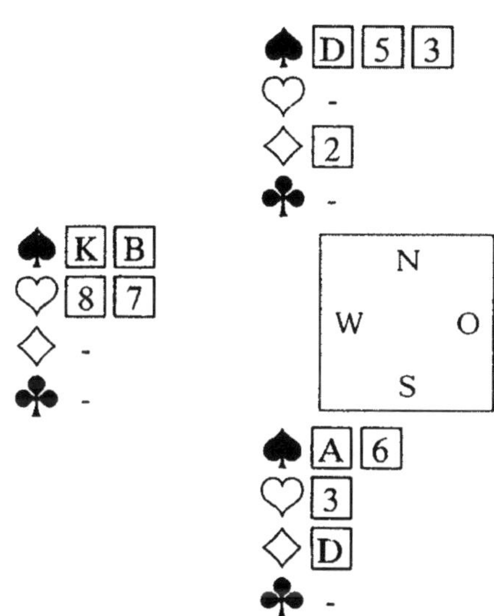

Natürlich! Anders *kann* es ja gar nicht aussehen! Wenn ich in dieser Endspiel-Stellung die Karo Dame als Squeezekarte spiele, muß West entweder eine Coeur-Karte oder den Pik Buben abwerfen. Wirft er Coeur, übergebe ich ihm den elften Stich mit Coeur, so daß er von Pik König, Bube zum zwölften Stich antreten muß. Wirft er dagegen Pik Bube ab, dann steht sein König jetzt blank und kann vom As zu Fall gebracht werden: Pik Dame des Tisches macht den angesteuerten zehnten Stich für Nord-Süd.

Der gleiche Squeeze wird von impaßgläubigen »Geisterfahrern« oft vermurkst, wenn sich Pik As und Dame in der Südhand befinden:

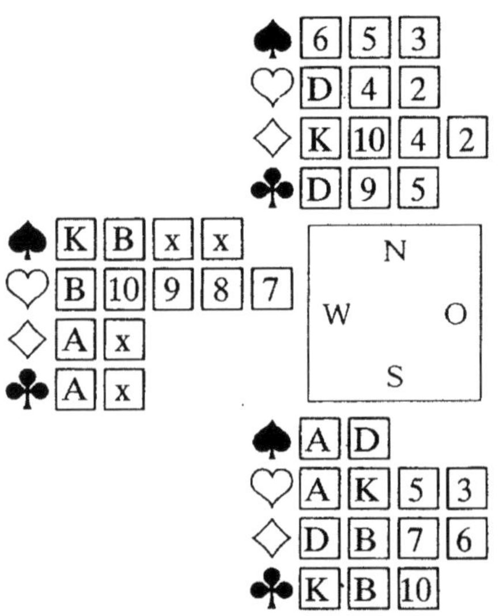

So ging diesmal die Reizung:

Süd	**Nord**
2 SA	3 SA

Ausspiel: Coeur Bube.

Der Endspiel-Squeeze funktioniert genauso wie im vorangegangenen Beispiel. Nachdem der Alleinspieler beim Spiel der dritten Treff-Runde und der dritten Karo-Runde festgestellt hat, daß West nicht mehr bedient und demzufolge nur noch Coeurs und Piks haben kann, sollte er ohne große Schwierigkeit die Endstellung zum zehnten Stich voraussehen können. Während der Pik-Schnitt nur 50% Aussicht auf Erfolg für den zehnten Stich bietet, hat das ersqueezte Endspiel glatte 100 Prozent auf seiner Seite. Darüber, wie West sich ein bißchen dagegen wehren und den Alleinspieler doch noch zu einer falschen Entscheidung verleiten kann, wird in einem späteren Kapitel über das Gegenspiel bei Squeezeversuchen zu berichten sein.

Dieser Squeeze, der wahrscheinlich die häufigste aller Squeezearten ist, wird oft gar nicht als solcher erkannt, aber dennoch automatisch richtig gespielt, weil der Blick in die Zukunft hier nicht sonderlich schwer ist. Er unterscheidet sich squeeze-technisch von allen anderen Artgenossen dadurch, daß man sich an den Spruch hält:

BEIM ENDSPIEL-SQUEEZE WIRD *ERST* SQUEEZIERT
UND *DANN* DER COUNT REKTIFIZIERT.

KAPITEL 17

Sei ab und zu auch mal ein Schurke und spiel den »Squeeze«, genannt: Die Gurke!

(Der Pseudo-, Pumperl- oder Gurken-Squeeze)

Es gibt eine »Squeeze«-Art, die in Wahrheit gar kein Squeeze ist, wie der wissenschaftliche Name Pseudo-Squeeze schon vermuten läßt. In Bayern und Österreich sagt man Pumperl-Squeeze dazu, nördlich der Donau eher Gurken-Squeeze.

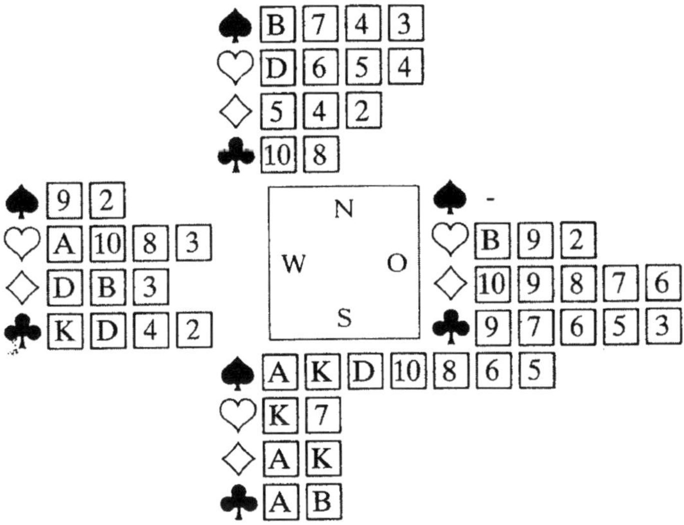

Nach einer 2-Treff-Eröffnung ist Süd in Vier Pik gelandet und sieht nach Trumpf-Angriff elf Stiche, nämlich sieben in Pik, einen in Coeur, zwei in Karo und einen in Treff. Zwei kurze Blicke genügen, um festzustellen, daß ein Squeeze, etwa in Coeur und Treff, oder vielleicht sogar Karo als dritter Farbe für einen doppelten Squeeze, aus technischen Gründen wohl nicht gehen kann. Selbst wenn man annimmt, daß auf West eine Coeur/Treff-Zitrone sitzt (beide Treff-Figuren und vier Stück Coeur bei West), kann kein Squeeze funktionieren, weil man ja zunächst einmal die Coeur-Bedrohung isolieren müßte, so daß nur die Westhand in Coeur bedroht ist. Um aber die Coeurbedrohung zu isolieren, d.h. auf West zu konzentrieren, müßten wir Coeur-König abspielen (Rektifizierung), und wenn der mit dem As eines Gegners genommen wird, später mit Coeur Dame an den Tisch gehen und eine Coeur-Runde in der Hand trumpfen. Dann kann aber der Squeeze nicht mehr gehen, weil wir keinen Übergang, kein Verbindungsglied zum Tisch haben. Das wissen *wir.* Ost und West wissen es nicht. Jetzt, bei der Planung, wissen sie es nicht. Und sie sollen es auch möglichst lange nicht wissen. Coeur Dame als für Ost und West sichtbares Verbindungsglied muß also am Tisch liegen bleiben, wenn es sich bei den Gegnern um Zitronen mit Gurkenaroma handelt. Wir werden deshalb den Coeur-König spielen! Das ist enorm wichtig, denn auch der Gurken-Squeeze »funktioniert« nur so richtig, wenn man vorher scheinbar den Count rektifiziert und dabei die Gurken-Samenkörner herausstochert.

West wird den Coeur König mit dem As nehmen und, sagen wir, Karo D zurückspielen. Wir gewinnen zwangsläufig mit dem As, spielen auch den Karo König und dann alle Trümpfe ab.

Nach dem neunten und zu Beginn des zehnten Stiches sieht der Rest der Karten so aus:

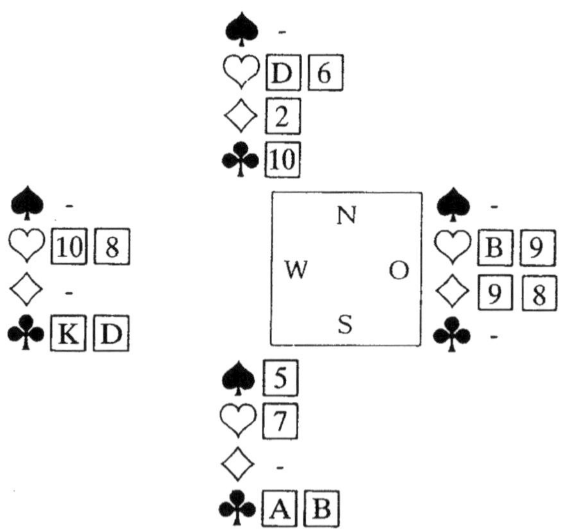

Wenn jetzt die Pseudo-Squeeze-Karte Pik Fünf gespielt wird, ist West in einer schwierigen Lage: er weiß nicht, wie die letzten drei Karten des Alleinspielers aussehen. Das könnte so wie im obigen Süd-Diagramm sein, aber auch folgendes wäre möglich:

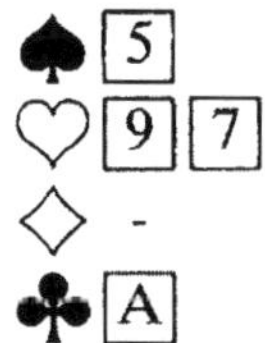

Im ersten Fall kann West Coeur wegwerfen, weil er weiß, daß sein Partner noch Coeur B 9 hält (an denen er sich das ganze Spiel hindurch festklammern mußte). Im zweiten Fall muß er eine Treff-Figur wegwerfen, damit der Alleinspieler nicht zwei Coeurstiche machen kann. Keine einfache Entscheidung für West, und wenn er das Falsche tut (Abwurf einer Treff-Figur), hat der Gurken-Squeeze einen Stich gebracht. Man sieht an diesem alltäglichen Beispiel ganz deutlich, wie wichtig im Gegenspiel die genaue Längenmarkierung ist. Ost muß in diesem Fall beispielsweise durch niedrig-höher erst einmal zeigen, wieviele Treffkarten (ungerade Anzahl) er überhaupt hat, und dann alle Treffkarten abwerfen, damit West den wahren Sachverhalt in Treff (As, Bube bei Süd) durchschauen kann. Hätte Ost dagegen sechs Treffkarten gehabt, dann hätte er das seinem Partner durch eine hoch-tiefer Anfangsmarkierung zeigen (gerade Anzahl) und anschließend mindestens fünf Treffkarten abwerfen müssen, damit sein Partner das blanke As bei Süd »sehen« kann.

Bei Gegnerpaaren, die sich mit ihren Abwürfen nicht so recht verständigen können oder wollen, empfiehlt sich daher, wenn ein echter Squeeze aus technischen Gründen nicht gehen kann:

SEI AB UND ZU AUCH MAL EIN SCHURKE
UND SPIEL DEN »SQUEEZE«, GENANNT: DIE GURKE.

In der Praxis wird das so aussehen, daß wir erst den Count rektifizieren, damit Druck entstehen kann, und dann alle Gewinner der verdeckten Hand mit Ausnahme der kritischen Farbe (im Beispiel: Treff As) abspielen. Im Pseudo-Squeeze-Stich werden wir dann sehr oft – schätzungsweise in fünfzig Prozent der Gurkenfälle – den ersehnten Stich geschenkt bekommen.

KAPITEL 18

Leere Dame, leeres As: Expaß oder gar kein -Paß.

(Alleinspiel: Behandlung einiger schwieriger Kartenkombinationen)

Vor Urzeiten hatten wir gelernt, daß man mit der leeren Dame (ohne Bube oder 10 im Gefolge) gegenüber dem leeren As nur eine Spielweise auf Lager hat, um zwei Stiche in dieser Farbe zu erzielen:

D x x
gegenüber
A x x

Ein »Schnitt« kann nicht gehen, das wissen wir längst. Falls wir diese Farbe selbst anpacken müssen, gibt es nur eine Möglichkeit, zwei Stiche zu erzielen: der König sitzt vor der Dame. Deshalb spielt man das As und dann klein zur Dame. Und wenn die Dame nur double ist:

D x
gegenüber
A x x,

dann muß man erst klein zur Dame spielen. Das ist kalter Kaffee, nicht wahr?

Gut. Aber nehmen wir an, wir haben nicht nur fünf oder sechs Karten in dieser Farbe, sondern acht oder neun, und diese Farbe ist Trumpf oder eine unserer »Arbeitsfarben« im Sans-Atout-Kontrakt, in der wir möglichst viele Stiche entwickeln und möglichst wenige Stiche, nämlich nur einen Stich, verlieren wollen.

A x x x
gegenüber
D x x x

Jetzt hat der Gegner nicht mehr ganz so viele Karten in dieser Farbe, sondern nur noch fünf Stück. Je nach dem, wie diese fünf Karten beim Gegner verteilt sind, eröffnen sich neue Möglichkeiten gegenüber dem einfachen und klassischen Expaß der obigen beiden Beispiele.

Die möglichen gegnerischen Kartenverteilungen bei einer 3:2 Verteilung (68%) sind jetzt:

NORD
A x x x

	WEST	OST
1.	x x	K x x
2.	K x	x x x
3.	x x x	K x
4.	K x x	x x

SÜD
D x x x

(Bube und Zehn sind in diesen Diagrammen absichtlich als x dargestellt. Jedenfalls sind beide bei den Gegnern und spielen im Augenblick keine Rolle in unseren Überlegungen.)

Der angenehmste Fall für den Alleinspieler ist Nr. 3: Das As wird abgespielt, und im zweiten Stich erscheint der König auf dem Präsentierteller.

Der unangenehmste Fall ist Nr. 4: Da *müssen* wir zwei Stiche verlieren.

Und die schwierigsten Fälle sind Nr. 1 und Nr. 2. Da ist nämlich aus der rein statischen Expaß-Einbahnstraße ein dynamisches Ratespiel geworden: beide Male spielen wir wie bisher das As und anschließend klein in Richtung Dame, und von Ost erscheint der König leider nicht. Im Fall 1 müssen wir am Tisch die Dame bemühen, und im Fall 2 müssen wir klein bleiben, weil von West der König fällt. Mit der Dame fangen wir Osts dritte Karte (Bube oder Zehn). Wir müssen also in den Fällen 1 und 2 richtig raten.

Wenn wir aus der gegnerischen Reizung oder aus der bisherigen Gegenspielweise zu dem Schluß gekommen sind oder wenigstens einen Anhaltspunkt zu haben glauben, daß der König vor der Dame steht, spielen wir selbstverständlich im zweiten Stich die Dame. (Fall Nr. 1)

Glauben wir dagegen eher – oder *wissen* wir –, daß der König hinter der Dame steht, dann wäre es dummes Zeug, die Dame zu spielen. Die Situation ist jetzt fast dieselbe wie seinerzeit, als wir mit

K x x x
gegenüber
D x x x

das As durch Expaß gefunden und anschließend klein aus beiden Händen spielten, in der Hoffnung, das double As zu Fall zu bringen. Diesmal hoffen wir auf den double König hinter der Dame.

Ohne Wissen oder Anhaltspunkte bleibt es ein reines Ratespiel, und deshalb sollte man seine Chancen, richtig zu raten, zu erhöhen trachten, indem man risikolos so lange in den anderen Farben herumspielt, bis man vielleicht einige Aufschlüsse über die Punkteverteilung in den gegnerischen Händen erhält. Wenn bei diesem Vorgeplänkel die eine Gegnerhand schon eine ganze Menge Punkte vorweisen mußte, so daß man zu dem Schluß kommt: falls diese Hand auch noch den König meiner neuralgischen Farbe hat, dann hätte sie doch in die Reizung eingreifen müssen, ergibt sich als Umkehrschluß: wahrscheinlich sitzt der König in der anderen Hand. Und damit wäre die richtige Spielweise angezeigt: König *vor* der Dame: die Dame (Expaß) und König *hinter* der Dame: klein (gar kein -Paß).

Das Problem, richtig zu raten, besteht nicht mehr, wenn wir neun Karten ohne K, B und 10 besitzen:

A x x x
gegenüber
D x x x x

Hier sind alle Verteilungsmöglichkeiten auf einen Blick:

	WEST	NORD A x x x	OST
1.	-		K B 10 9
2.	K B 10 9		-
3.	K		B 10 9
4.	B		K 10 9
5.	10		K B 9
6.	9		K B 10
7.	B 10 9		K
8.	K 10 9		B
9.	K B 9		10
10.	K B 10		9
11.	K B		10 9
12.	K 10		B 9
13.	K 9		B 10
14.	B 10		K 9
15.	B 9		K 10
16.	10 9	SÜD D x x x x	K B

Sie halten es für überflüssig, alle diese Verteilungsmöglichkeiten systematisch aufzuführen? Möglich. Aber es gibt viele Spieler und Spielerinnen, und vermutlich auch den einen oder anderen Leser, die sich gedanklich noch nie mit dem Problem »welche Karten sind beim Gegner und wie können sie verteilt sein« befaßt haben. Für diese Leser und Spieler soll das hier eine Vorübung für kommende, schwierigere Fälle sein. Nehmen Sie ruhig einen Bleistift zur Hand und schreiben Sie dünn und zierlich neben jedem der obigen Fälle ins Buch, wieviele Stiche man in den 16 Fällen verlieren muß. Dann können Sie in der obersten Zeile der nächsten Seite vergleichen, ob Ihre senkrechte Zahlenreihe mit der – aus Platzgründen – waagerechten Zeile übereinstimmt. Dies ist, wie gesagt, nur eine Vor-Fingerübung. Später wird Ihre aktive Mitarbeit wichtiger und etwas schwieriger.

LÖSUNG: 2-3-1-1-1-1-1-2-2-2-1-1-1-1-1-1

Falls irgendetwas in Ihrer und dieser Reihe nicht übereinstimmt, sollten Sie sich den Fall noch einmal ansehen und in Gedanken durchspielen: erst das As und dann, klein von Nord in Richtung Süden. Falls der König bei Ost nicht erscheint, die Dame von Süd. Zu raten gab es hier, also bei neun Karten in den vereinigten Händen, in keinem einzigen Fall etwas.

Zurück zu acht Karten in den vereinigten Händen. Dieses Mal haben wir aber eine wichtige Karte mehr: die Zehn!

Fall a)

A 10 x x
gegenüber
D x x x

Fall b)

A x x x
gegenüber
D 10 x x

Und beim Gegner bekommt, neben dem König, eine zweite Karte besondere Bedeutung: der Bube! Und in einigen Fällen auch die 9.

Bei unserer Übung lassen wir mal die Fälle, in denen die ausstehenden Karten 5:0 oder 0:5 verteilt sind, außer Acht. Die sind so scheußlich und – glücklicherweise – ebenso selten wie böse Schwiegermütter.

Aber mit allen anderen Fällen wollen wir uns systematisch befassen:

a) Fall Nr.

	Nord A 10 5 3		Impaß zur 10	Expaß (RR)
	West	**Ost**		
1.	K	B x x x	—	—
2.	B	K x x x	—	—
3.– 5.	x	K B x x	—	—
6.	B x x x	K	—	—

7.	K x x x	B	—	—
8.–10.	K B x x	x	—	—
11.	K B	x x x	—	—
12.–14.	K x	B x x	—	—
15.–17.	B x	K x x	—	—
18.–20.	x x	K B x	—	—
21.	x x x	K B	—	—
22.–24.	B x x	K x	—	—
25.–27.	K x x	B x	—	—
28.–30.	K B x	x x	—	—

Süd
D 6 4 2

Die drei x, die bei Ost und West herumgeistern, sind die 7, die 8 und die 9. Zwei Spielarten sind bei dieser Nord-Süd-Haltung möglich: um den Buben bei West zu entschärfen, könnten wir als erstes den Schnitt von der Südhand aus zur Zehn bei Nord machen, oder aber man beachtet die Zehn in der Nordhand gar nicht und entschließt sich zum sofortigen Expaß mit richtigem Raten. Spielen Sie doch mal alle 14 Fälle (insgesamt 30 Möglichkeiten) durch und notieren Sie mit dem Bleistift (damit Sie es für spätere Leser wieder ausradieren können), wieviele Stiche Sie bei der jeweiligen Spielweise *verlieren* müssen. In den Fällen, wo richtiges Raten erforderlich war, nehmen Sie bitte an, daß *Sie* richtig geraten haben, fügen Sie aber RR hinzu. In den Fällen, in denen beim Impaß-Versuch bei West eine Figur auftaucht, decken Sie die natürlich mit dem As. Nach einem geglückten oder mißglückten (Bube bei Ost) Impaßversuch spielen Sie in Gedanken das As und dann klein in Richtung Dame. Und falls Sie Schwierigkeiten haben, die Symbole in der obenstehenden Liste als echte Spielkarten zu sehen, dann nehmen Sie doch einfach ein Kartenspiel zur Hand, sortieren Sie sich alle Treffs oder Karos – die armen Unterfarben kommen in Bridgebüchern immer zu kurz – heraus und spielen Sie jede Möglichkeit mit den Karten durch. Dann notieren Sie Ihr persönliches Ergebnis in den beiden rechten Spalten.

Ihre Lösung sollte so aussehen:

Fall Nr.	Impaß	Expaß
1.	2	2
2.	2	2
3.– 5.	2	2
6.	2	1
7.	3	2
8.–10.	2	2
11.	1	1 RR
12.–14.	1	1 RR
15.–17.	1	1 RR
18.–20.	2	1 RR
21.	1	1
22.–24.	1	1
25.–27.	2	1
28.–30.	1	2

Richtiges Raten vorausgesetzt, war der Expaß in drei Fällen schlechter als der sofortige Impaß (Fälle 28, 29 und 30), während der Impaß in acht Fällen schlechter war (Fälle 6, 7, 18, 19, 20, 25, 26 und 27). Wenn man auf dem nüchternen Standpunkt steht, daß man in der Hälfte aller Fälle, in denen es auf richtiges Raten ankommt, falsch rät, dann wäre die Chance Impaß/Expaß genau

8 : 8

denn wir mußten insgesamt zehnmal richtig raten.

Trotz dieser Chancengleichheit ist der Expaß zu empfehlen, um den katastrophalen Fall Nr. 7 zu vermeiden, wo wir beim Impaß-Versuch sage und schreibe drei Stiche verlieren müssen, weil wir die wertvolle Zehn für den mißglückten Schnittversuch nutzlos verpulvert haben. Und bei jedem Anhaltspunkt oder Hinweis, den wir durch die Reizung oder das bisherige Gegenspiel erhalten haben, erhöht sich die Chance für das richtige Raten! Wenn Sie dagegen ein notorischer Pechvogel sind, der in

Zweifelsfällen immer falsch rät, dann spielen Sie den Impaß zur Zehn, denn der erspart Ihnen jegliches Raten.

A x x x
gegenüber
D 10 x x

Diese Kartenkonstellation ist anders als im Fall a: die Zehn befindet sich jetzt in der Südhand und eröffnet andere Perspektiven zeitlicher Art. Dieses Mal kann man den Impaß zur Zehn nach dem Abspielen des Asses versuchen.

Fall Nr.		**Nord** A 5 3 2		**Erst As, dann Impaß**	**Expaß + RR**
	West		**Ost**		
1.	K		B x x x	—	—
2.	B		K x x x	—	—
3.– 5.	x		K B x x	—	—
6.	B x x x		K	—	—
7.	K x x x		B	—	—
8.–10.	K B x x		x	—	—
11.	K B		x x x	—	—
12.–14.	K x		B x x	—	—
15.–17.	B x		K x x	—	—
18.–20.	x x		K B x	—	—
21.	x x x		K B	—	—
22.–24.	B x x		K x	—	—
25.–27.	K x x		B x	—	—
28.–30.	K B x		x x	—	—
		Süd D 10 6 4			

Die drei x sind wieder 7, 8 und 9. Als erstes wird das As von Nord gespielt, dann klein. Falls bei Ost der Bube auftaucht, wird dieser natürlich mit der Dame gedeckt. Falls aber bei Ost ein x erscheint, wird entweder

der Impaß zur Zehn oder Richtiges Raten gespielt, d.h. klein oder die Dame. Jetzt gilt es wieder: Bleistift gespitzt und alle Fälle zweimal durchprobiert. Wenn Sie schon im Bett liegen und keinen Bleistift zur Hand haben, lesen Sie jetzt einfach ein anderes Kapitel und machen diese Hausaufgabe morgen früh vor dem Frühstück, okay?

Hier ist wieder die richtige Lösung, und ich wette, Sie haben jetzt alle richtig:

Fall Nr.	**As, dann Impaß zur 10**	**As, dann Expaß + RR**
1	1	1
2	1	1 (2)
3– 5	1	2
6	2	2
7	2	2
8–10	3	3
11	1	1 (RR)
12–14	1	1 RR
15–17	2	1 RR
18–20	1	1
21	1	1
22–24	1	1
25–27	1	1
28–30	2	2

Zunächst einmal die beiden seltsamen Fälle 2 und 11: da fällt beim Abspielen des Asses bereits der Bube von West. Deshalb wird man auch in der zweiten Spalte eine 1 eintragen, denn im zweiten Stich spielt man selbstverständlich die Zehn und nicht etwa klein aus der Südhand. Falls Sie in Spalte 2 bei Fall Nr. 2 eine 2 und bei Fall Nr. 11 RR geschrieben haben, ist das zwar theoretisch nicht falsch, aber wirklichkeitsfremd, daher die Klammern in der obigen Lösungsliste.

Im übrigen ergibt die Auswertung: immer Richtiges Raten vorausgesetzt, war der Impaß in den drei Fällen 15, 16 und 17 (double Bube bei West) die schlechtere Wahl. In den drei Fällen 3, 4 und 5 war es besser, den Schnitt zu spielen. (3:3) Dann mußte man aber insgesamt sechsmal richtig raten. Wieder unter der Voraussetzung, daß man es in der Hälfte der Ratefälle falsch macht, spricht deshalb das Verhältnis

6 : 3

eindeutig für den Impaß, der uns jedes Raten, falsch oder richtig, erspart.

Die nächste und letzte Übung dieser Art ist die wichtigste:

A 9 x x	oder	A 10 9 x	oder	A x x x
gegenüber		gegenüber		gegenüber
D 10 x x		D x x x		D 10 9 x

Der Unterschied zu den vorigen Fällen mag Ihnen bisher im Bridgeleben nicht so recht aufgefallen sein: jetzt haben wir Verstärkung in Form der 9 erhalten, und da wird alles ganz anders. Zwei Spielarten sind möglich: der Expaß, wie bisher, indem man als erstes das As abspielt und dann klein in Richtung Dame. Wenn von Ost eine Figur (König oder Bube) auftaucht, ist ja alles gut und schön, dann weiß man, was zu tun ist. Was aber tut man, wenn bei Ost ein x erscheint? Man muß wieder – richtig raten. Und in der Hälfte aller Fälle – Sie wissen schon. Die zweite Spielweise ist hier, weil wir insgesamt As, Dame, Zehn und Neun besitzen, der

Doppel-Impaß

unter der Annahme, daß König und Bube in verschiedenen Händen der Gegner sitzen. (In den Fällen, wo die ausstehenden fünf Karten im Verhältnis 5:0, 0:5 oder 1:4, 4:1 stehen, sind die beiden Spielarten, was die Chancen betrifft, gleichwertig, d.h. es gibt ebenso viele Fälle, wo der Doppel-Impaß schlechter als der Expaß ist und umgekehrt. Deshalb lassen wir diese Fälle bei unserer Übung außer Acht und konzentrieren uns auf die 68 Prozent der Fälle, wo die gegnerischen Karten im Verhältnis 3:2 oder 2:3 verteilt sind:)

Fall Nr.		Nord A 9 3 2		Doppel-Impaß	Expaß + RR
	West		**Ost**		
1.– 3.	K x		B x x	—	—
4.– 6.	B x		K x x	—	—
7.	K B		x x x	—	—
8.–10.	B x x		K x	—	—
11.–13.	K x x		B x	—	—
14.	x x x		K B	—	—
15.–17.	K B x		x x	—	—
18.–20.	x x		K B x	—	—
		Süd D 10 5 4			

Den Doppel-Impaß spielen Sie in Gedanken so, daß Sie aus der Südhand die Dame vorlegen, und wenn sie nicht mit dem König gedeckt wird, laufen lassen. Falls Ost diesen Stich mit dem König gewinnt, spielen Sie zu einem späteren Zeitpunkt noch einmal von Süd in Richtung As bei Nord und *wiederholen* den Schnitt gegen den Buben. Den Expaß spielen Sie, wie bisher, indem Sie als erstes das As abspielen und dann klein in Richtung Dame.

DIE LÖSUNG:

Fall Nr.	Doppel-Impaß	Expaß + RR
1– 3	1	1 RR
4– 6	1	1 RR
7	1	1
8–10	1	1
11–13	1	1
14	2	1
15–17	1	2
18–20	2	1

Wenn der bösartige Fall Nr. 14 nicht wäre, dann wäre für beide Spielarten absolute Chancengleichheit unter der Voraussetzung des richtigen Ratens. So steht es im Augenblick 3:4 gegen den doppelten Schnitt. In sechs Fällen (1, 2, 3, 4, 5 und 6) mußten wir aber richtig raten, um nicht zwei Stiche zu verlieren. Und wahrscheinlich machen wir es dreimal davon falsch, sofern wir keinerlei Anhaltspunkte für den Standort des Königs haben. Aus diesem Grund kehrt sich das Chancenverhältnis zu Gunsten des Doppelschnitts ins Gegenteil um:

6 : 4

weil wir beim Doppelschnitt nicht falsch raten können.

Wir werden deshalb in Zukunft und ohne jeden Anhaltspunkt für den Sitz des Königs immer den doppelten Impaß spielen, und, bitte, verfluchen Sie den Verfasser nicht, wenn der tückische Fall Nr. 14 eingetreten ist. Betrachten Sie ihn vielleicht als die jährlich einmal fällige Versicherungsprämie gegen Ihr falsches Raten.

Ihre aktive Mitarbeit mit Bleistift und Radiergummi ist damit beendet. Hoffentlich hat es Sie nicht zu sehr strapaziert. Zusammenfassend können wir singen:

LEERE DAME, LEERES AS:
EXPASS, ODER GAR KEIN -PASS.

STEHT DIE ZEHN DORT, WO DAS AS,
SPIELT MAN AUCH NOCH DEN EXPASS.

LÄUFT DIE ZEHN MIT DAME MIT,
SPIEL DAS AS, UND DANN DEN SCHNITT.

MIT NEUN, DAME, ZEHN UND AS
SPIEL DEN DOPPELTEN IMPASS!

KAPITEL 19

Ach ja, da war doch noch etwas! Stimmt! Culbertson- und Rück-Impaß

(Impässe für Fortgeschrittene)

Mit der folgenden Trumpfhaltung

K 9 3
gegenüber
A B 7 4 2

wollen wir möglichst keinen Stich verlieren. In der Volksschule haben wir im zweiten Schuljahr gelernt, daß man zu diesem Zweck den König des Tisches kassiert und dann klein in Richtung auf A B spielt, in der Absicht, gegen die Dame bei Ost zu schneiden. Das ist auch gut so. Jetzt gibt es aber zwei Situationen, in denen wir uns etwas anderes überlegen müssen. Das eine Mal wissen wir oder vermuten sehr stark, daß die gesuchte Dame bei West, also links von A B steht. West ist uns als sehr konservativer Spieler bekannt und hat die Reizung mit 1 SA eröffnet, beispielsweise. Dann wäre der Schnitt gegen die Dame bei Ost ziemlich unsinnig, weil er nicht sitzen kann. Und Schnitte, die nicht sitzen können, soll man aus Gesundheitsgründen nicht machen. Die zweite Möglichkeit könnte so aussehen:

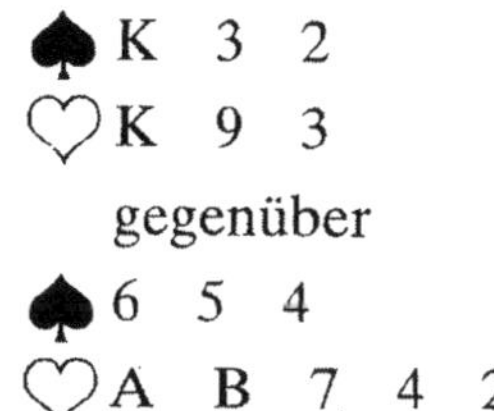

Coeur ist Trumpf. Wir haben eine lange »stehende« Unterfarbe am Tisch, auf die wir aus der Hand die Pikverlierer, oder wenigstens einen oder zwei davon, absetzen könnten. Dazu müssen wir aber erst die Trümpfe der Gegner herausholen. West darf in diesem Fall möglichst nicht zu Stich kommen, denn bei seiner Konterattacke Pik verlieren wir drei Pikstiche, falls das As bei Ost steht. Wenn der »normale« Schnitt nicht sitzt, kommt West aber dran und jagt ein hohes Pik (D, B oder 10) hinterher, das ist sicher.

Was also ist in diesen beiden Fällen zu tun? Sie kennen sicher die Geschichte von den drei älteren Herren, die sich auf der Bank im Park über die angenehmen Dinge des Lebens unterhalten. »Châteaubriand«, sagt der eine. »Château Neuf du Pape« schwärmt der zweite. Der dritte sinnt: »Da *war* doch noch was...«.

Wir sitzen nicht auf der Parkbank, sondern auf dem Südstuhl. Trotzdem sollten wir jetzt denken: Da war doch noch etwas! Wenn ich weiß oder befürchte, daß die Coeur Dame bei West sitzt, spiele ich unkonventionell den Coeur Buben aus der Hand. Falls die Coeurs so sitzen

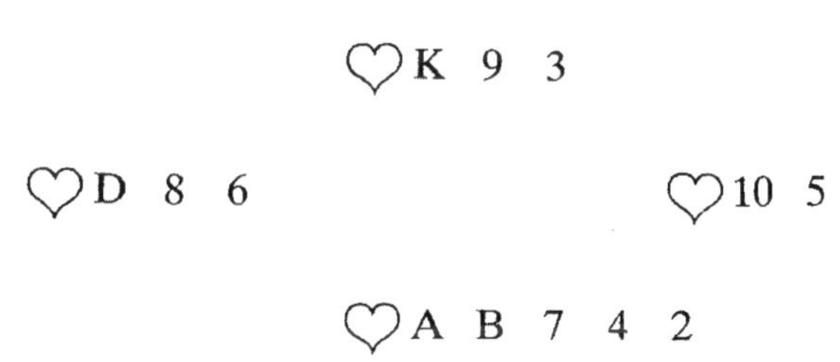

deckt West den Buben mit der Dame, am Tisch wird mit dem König gewonnen, und in der zweiten Coeurrunde fällt die Zehn bei Ost. Mit der Coeur Neun des Tisches wird die Acht von West gefangen. Falls West nicht deckt, läßt man den Buben laufen. Eli Culbertson, den man getrost als den Stammvater des modernen Bridge bezeichnen kann, spielte diesen Impaß als Erster, zumindest in der Öffentlichkeit, und deshalb wird er nach ihm Culbertson-Finesse oder -Impaß genannt.

Verwandt mit dem Culbertson-Schnitt ist eine andere, unkonventionelle Schnittart. Wir halten

K 3 2
gegenüber
A B 9

und wollen in dieser Farbe alle drei Stiche machen. »Normal« wäre es wieder, klein vom Tisch zum Buben zu spielen, um dadurch gegen die Dame bei Ost zu schneiden.

Wieder haben wir aus der Reizung oder dem bisherigen Gegenspiel die Botschaft erhalten: der »normale« Schnitt zum Buben kann nicht sitzen, denn West hat die Dame! Da war doch *noch* etwas!

Beim Culbertson-Impaß hatten wir mit acht Karten in den vereinten Händen gehofft, die double Zehn »mitzunehmen«. Diese Hoffnung besteht jetzt nicht, da wir nur sechs oder

K 3
gegenüber
A B 9

fünf Karten haben. Wenn aber die Zehn bei Ost sitzt (die Dame sitzt bei West, das wissen oder vermuten wir sehr stark), dann könnten wir doch erst den Buben vorlegen: wenn West ihn nicht mit der Dame deckt, lassen wir ihn laufen. Wenn West die Dame herausrückt, wird sie mit dem König genommen. Anschließend wird klein vom Tisch zu A 9 gespielt, in der Absicht, mit der 9 gegen Osts Zehn zu schneiden. Das Ganze nennt man Backward Finesse oder Rück(wärts)-Impaß. Es funktioniert immer dann, wenn die Zehn richtig plaziert ist. Sitzt sie »falsch«, also bei West, hat man durch diese Spielweise nichts verloren – man kann also nur gewinnen, unter der Voraussetzung, natürlich, daß die Dame links von A B sitzt.

Und wenn Sie davon überzeugt sind, bzw. die starke Vermutung haben, dann denken Sie daran:

MOMENT, DA WAR DOCH NOCH ETWAS?
STIMMT! CULBERTSON- UND RÜCK-IMPASS!

KAPITEL 20

Man muß sich nur am Anfang quälen, Karten und Punkte auszuzählen!

Hand auf's Herz, verehrter Leser, wie hat Ihnen der erste Whisky Ihres Lebens geschmeckt? War das nicht grauenvoll? Einen derartig fremdartigen, fast scheußlichen Geschmack hatten Sie doch sicher nicht erwartet, stimmt's? Und beim zweiten, dritten, zehnten war es kaum anders. Aber seltsamerweise kam dann irgendwann ein Gewöhnungsprozeß in Gang, und etwa ab dem fünfundzwanzigsten Scotch oder Bourbon war es dann so weit: auf einmal schmeckte Ihnen das Zeug ausgesprochen gut, und heute gehört der tägliche Whisky als Apperitif oder Longdrink in Gesellschaft einfach dazu.

Verblüffend ähnlich verhält es sich mit dem Zählen der Punkte und Verteilungen im Alleinspiel (und Gegenspiel). In seinem Klassiker »Tödliches Gegenspiel im Bridge« entschuldigt sich Hugh W. Kelsey mehrfach bei seinen Lesern für die bittere Medizin, die er ihnen verabreicht, indem er sie ständig und immer wieder auffordert, Karten und Punkte zu zählen. Am Anfang scheint das schwer zu sein und scheußlich zu schmecken. Schwer – nein, das ist es eigentlich gar nicht, das Zählen, und könnte, wie Kelsey meint, mit dem mathematischen Rüstzeug eines Siebenjährigen ohne weiteres bewältigt werden. Die Bridgespieler in unseren Breiten, die nahezu ausnahmslos Abitur haben oder sich gar mit einem akademischen Grad schmücken können, sind trotzdem oft nicht in der Lage, einmal bis dreizehn oder einmal bis vierzig zu zählen, vielleicht, weil sie nicht die Notwendigkeit sehen, es zu tun, oder weil sie glauben, es gäbe beim Bridge wichtigeres, als Rechenaufgaben für Abc-Schützen zu lösen. Aber sehen Sie sich mal um auf der Bridge-Szene! Alle wirklich guten Spieler, und davon haben wir in Deutschland allmählich auch eine ganze Menge – von der österreichnischen und schweizer Bridge-Crème ganz zu schweigen –, sitzen oft wie geistesabwesend vor Hand und Tisch, wiegen den Kopf hin und her, zeigen mit dem Daumen der freien Hand nach links und rechts, oder bewegen nur stumm die Lippen. Haben diese Leute einen nervösen Tick? Beten sie? Fluchen sie? Keine Spur. Sie zählen.

Und das sollten wir uns auch unbedingt angewöhnen, so bitter es auch am Anfang schmecken mag. Wir sollten uns ganz bewußt dazu zwingen und den inneren Widerstand dagegen zu überwinden trachten, bei jeder einzelnen Bridge-Hand, die uns in die Quere kommt, die nicht sichtbaren Hände – eine davon genügt bereits – hinsichtlich des Verteilungstypus und der Punktzahl möglichst genau auszuzählen. Nach einem – je nach der Ernsthaftigkeit und Konsequenz – kürzeren oder längeren Gewöhnungsprozeß an dieses schreckliche Zählen tut es eines Tages einen sanften Knall, plötzlich macht es Spaß, und dann können wir es nicht mehr lassen bis an das hoffentlich weite Ende unserer Bridgetage.

Während der tägliche Whisky, wie man dienstags bei J.R. und Bobby sehen kann, eher ein Laster nach dem Motto:

JE HÄRTER DIE LEBER, DESTO WEICHER DAS HIRN

ist, gehört das regelmäßige und ständige Zählen zu den besten Bridgetugenden nach dem Motto:

JE GENAUER DU ZÄHLST DES GEGNERS HÄNDE,
JE SCHNELLER ERFOLGT ZUM ERFOLG DIE WENDE!,

denn das konsequente und unbarmherzige Auszählen der unsichtbaren Hände führt uns schnurstracks auf die Straße des Erfolges.

Was soll denn nun gezählt werden beim Zählen? Machen wir doch ein paar Übungen für das Auszählen der dreizehn Karten eines unserer Gegner. Da wir dann schon 39 Karten sehen können, erscheinen die restlichen dreizehn des anderen Gegners ganz von selbst.

Zweierlei Informationen stehen uns beim Zählen zur Verfügung:

1. Das, was wir ganz genau WISSEN, beispielsweise aus der Reizung und/oder dem bisherigen Fall der Karten, und
2. Das, was wir durch logischen Rückschluß als gegeben ANNEHMEN können, beispielsweise wenn einer der Gegner etwas spielt, oder nicht spielt, oder gereizt, oder nicht gereizt hat.

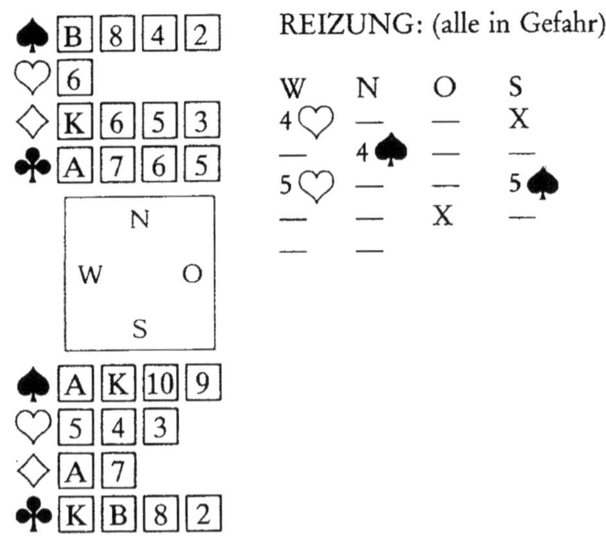

Zur Abwechslung ist Nord einmal Alleinspieler geworden, nachdem er Fünf Coeur von West leider nicht kontriert hat, was wahrscheinlichst 800 eingebracht hätte. Ost greift mit einem kleinen Coeur an. West gewinnt mit der Dame und spielt Coeur König nach. Die Nordhand trumpft, und Ost übertrumpft. Statt sich zu ärgern, sollte Nord lieber anfangen zu zählen: Aha, Nord + Ost + Süd hatten zusammen fünf Coeurkarten, folglich hatte West ursprünglich acht Stück (was nach der Reizung schon zu vermuten war). Jetzt *weiß* Nord aber, daß West acht Coeurkarten hatte und infolgedessen nur noch Platz für fünf Karten in Pik, Karo und Treff

---

Die ganze Hand, s. Anhang, S. 205

hat. Ost spielt Karo zurück. Vom Tisch (Süd) wird das As eingesetzt, West bedient Karo. Zwei Runden Trumpf werden gezogen, und beide Gegner bedienen. Inzwischen sind Nord schon elf Karten der Westhand bekannt, nämlich acht Coeurs, zwei Piks und ein Karo. Mit klein Karo geht Nord in die Hand zum König, West bedient. Eine einzige Karte in seiner Hand ist jetzt noch unbekannt: ist sie *ein* Karo oder *ein* Treff? Um das festzustellen, spielt Nord das Treff As. Von West fällt die Treff Zehn. Nun haben wir sie – alle dreizehn – und *wissen* demzufolge, daß Ost jetzt noch

D 9 x

in Treff hat. Klein Treff aus der Hand und von Süd die Treff Acht: was für Nichtzähler wie Zauberei oder Glück aussieht, ist das einfache Ergebnis eines leichten Zählvorganges: da West keine vierzehn Karten haben kann, kann er auch kein zweites Treff mehr haben. Wenn dieses Beispiel dem einen oder anderen Leser zu banal, zu einfach vorkommt, dann hat er nur teilweise recht: hier, beim Lesen ist es kinderleicht, zugegeben, aber in der rauhen Wirklichkeit des Bridgetisches muß man sich aus eigenem Antrieb zum Zählen der Westhand zwingen. Wenn man es nicht tut und in der zweiten Treffrunde vom Tisch den Buben einsetzt, geht man in dieser leicht auszählbaren Hand down. So aber geht man mit einem Coeur-Schnapper in die Hand zurück und wiederholt den Treff-Schnitt gegen Osts Dame.

Dieser erste Whisky war mit Rücksicht auf Ihre Geschmacksknospen stark verdünnt. Lassen wir mal etwas Wasser weg:

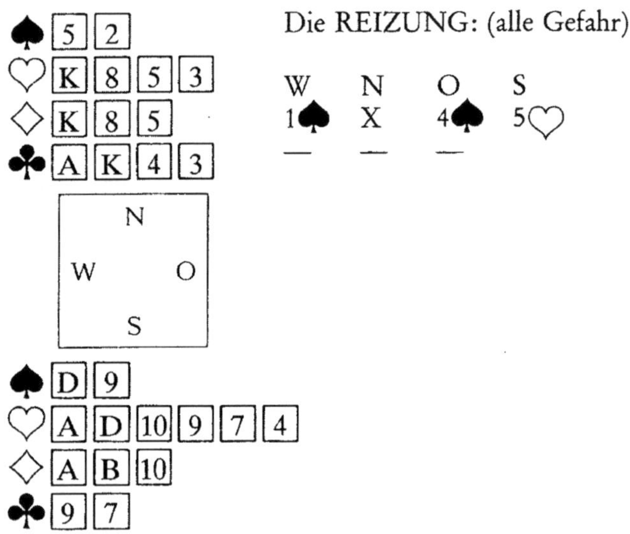

Ost-West spielen Precision Club. Süd ist Alleinspielerin in Fünf Coeur geworden. Angriff: Pik As, gefolgt von Pik König. Zum dritten Stich spielt West die Treff Dame. Der Spielplan für Süd konzentriert sich auf eine einzige Karte: die Karo Dame, die es zu finden gilt. Wieder einmal gibt es zwei Möglichkeiten: entweder sagt man, 'ich spiele immer Dame hinter Bube', was im Turnier-Bridge natürlich unsinnig ist. (Der unvergessene Fritz Schubert, jahrzehntelanger Schriftleiter des Deutschen Bridge-Verbandsblattes, hat einmal für den Rubber-Bridge die interessante Theorie aufgestellt, daß Dame hinter Bube um einige Prozente wahrscheinlicher ist, als Dame vor Bube, und er hat die Richtigkeit dieser Theorie auch bewiesen: bei der vor-vorigen Partie wurde der Bube mit der Dame gedeckt. Dann wurde schlampig gemischt, so daß diese beiden Karten beieinander blieben. Bei der nächsten Teilung mit diesem Kartenspiel lag nun, verkehrt herum, der Bube über der Dame und wurde beim Austeilen als erster gegeben. Der nächste Spieler erhielt die Dame. Seit dieser Artikel vor ca. fünfzehn Jahren im Verbandsblatt erschien, geistert in den Köpfen vieler Spieler das »Dame hinter Bube« auch beim Turnierbridge herum, wo es natürlich nichts zu suchen hat, weil die physikalische

Begründung dafür nicht gegeben ist.) Die zweite Möglichkeit ist besser: versuchen wir doch lieber, die Hand eines der beiden Gegner auszuzählen. Was wissen wir denn schon? Nach Wests Eröffnung *wissen* wir, daß er (mindestens) fünf Pik-Karten hatte (Precision!) Nach Osts Sprung auf Vier Pik dürften es sogar genau fünf Pik-Karten in der Westhand sein, aber das *wissen* wir noch nicht. Es könnten auch sechs sein. Wir gewinnen den dritten Stich am Tisch und spielen klein Trumpf. Zu unserer Überraschung hat Ost kein einziges Coeur. Schon läuft unsere Zählmaschine weiter: wenn Ost kein Coeur hat, dann hat West drei Stück. Wir ziehen alle drei notwendigen Trumpfrunden und spielen dann – nein, noch lange nicht Karo, sondern Treff zum König und eine Treffrunde vom Tisch, die wir in der Hand trumpfen. West hat beide Male bedient, und zwar erst die Acht und dann die Zehn. In der Zwischenzeit kennen wir schon mindestens elf Karten der Westhand: fünf Piks, drei Coeurs und drei Treffs. Der Ring um die Karo Dame wird eng und enger. Wir sind eigentlich schon ziemlich sicher, daß West auch den Treff Buben hat, nachdem er zum dritten Stich Treff Dame spielte und jetzt die 8 und die 10 vorweisen mußte. Aber sicher ist sicher: wir gehen mit Trumpf zum Tisch und schnappen eine vierte Treffrunde mit dem letzten Trumpf der Hand. Fast erwartungsgemäß erscheint der Treff Bube bei West. Jetzt ist die Westhand – und damit auch die Osthand – ein offenes Buch für uns: zwölf Karten von West sind bekannt. Die dreizehnte kann nur ein sechstes Pik oder *eine* Karokarte sein. Entweder ist dieses eine Karo die blanke Dame, oder die Dame ist bei Ost. Aus diesem Grund spielen wir zum elften Stich Karo 10 und brauchen im Prinzip gar nicht mehr hinzusehen, ob bei West die Karo Dame, ein kleines Karo oder eine Pikkarte auftaucht: wir geben in jedem Fall den Karo König des Tisches und schneiden dann gegen die Dame bei Ost. Die ganze Hand, eigentlich nur noch der Form halber:

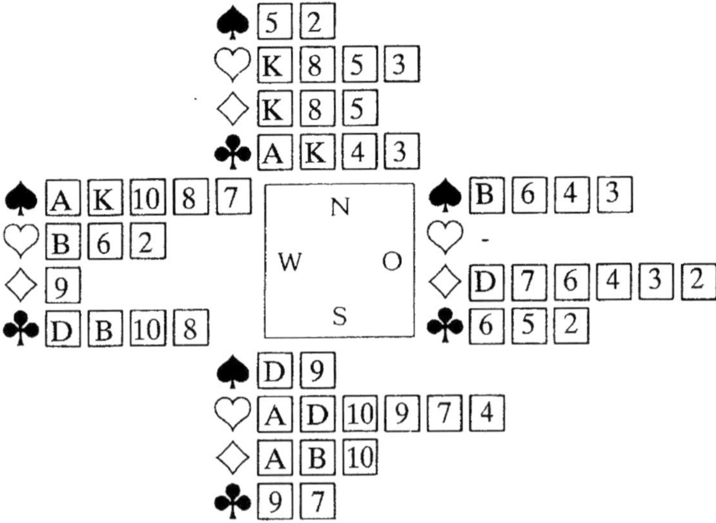

(Falls Ost hier auf Grund seiner extremen 4-0-6-3-Verteilung glaubt, mit Fünf Pik verteidigen zu müssen, gibt's Popo-Klatsche mit Anlauf: Treff As, König, zwei Treff-Schnapper und ein Karostich kosten 800. Die Südspielerin muß dafür nur den Mut haben, nach dem ersten Treff-Schnapper unter ihrem Karo As wegzuspielen, wozu Nord mit Treff 3 eine eindeutige Lavinthal-Marke gegeben hat.)

Wenn West zum dritten Stich nicht Treff Dame, sondern die single Karo 9 gespielt hätte – warum nur? –, dann hätte er der Südspielerin die Karo Dame auf dem Präsentierteller überreicht und uns um das bitter-süße Vergnügen des Auszählens seiner Hand gebracht.

So, und jetzt werden wir einen Whisky pur, ohne Eis und Soda, zur Brust nehmen. Sind Sie bereit? Vielleicht holen Sie tief Luft und halten beim Runterschlucken die Luft an, das haben wir als Kinder immer bei Quark mit Schnittlauch gemacht:

PAARTURNIER

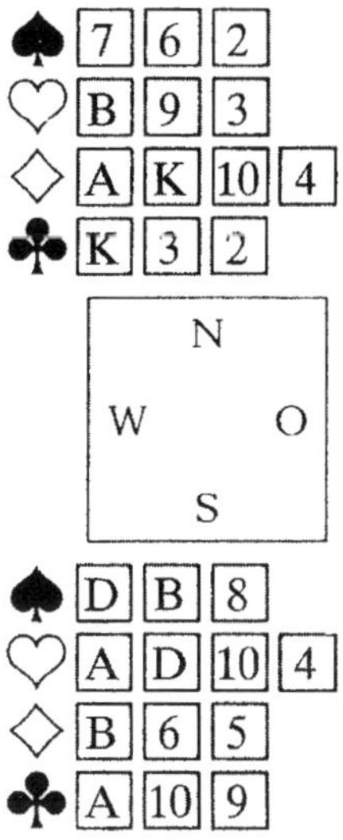

Wir sind mit dieser Hand auf Süd Alleinspieler in 3 SA geworden. Die Gegner haben nicht gereizt. West spielt die Pik Fünf aus. Ost gewinnt mit dem König und spielt – Coeur Fünf zurück. Wir lassen dieses Rückspiel zum Tisch durch, West gibt die Coeur Acht, und die Neun des Tisches gewinnt diesen Stich. Wir fangen mal langsam an zu zählen, und zwar als allererstes, gemäß Spielplanschema, unsere Stiche, die wir schon haben. Unter der Annahme, daß Ost unter dem Coeur-König weggespielt hat, haben wir: vier Coeur-Stiche, zwei Karostiche, zwei Treffstiche und einen Pikstich, den wir uns entwickeln können. Ost hatte offenbar kein zweites Pik zum Zurückspielen. Deshalb können wir uns zunächst einmal gefahrlos einen dritten Karostich entwickeln, indem wir von Süd klein zur Zehn spielen. Da wir aber gerade am Tisch sind, spielen wir »für alle Fälle« das Karo As, vielleicht kommt ja irgendwo die singleton Dame herunter. Sie tut uns nicht den Gefallen: von Ost erscheint Karo Neun und von West die Zwei. Jetzt ist es an der Zeit, zu untersuchen, ob Ost wirklich den Coeur König hat. Wir spielen klein vom Tisch zur Zehn der Hand, die bei Stich bleibt, und nicht nur das: West gibt Karo Drei, und wir fangen daraufhin mal an, einen Probeschluck zu nehmen: West hat

Die ganze Hand, s. Anhang, S. 206

sechs Pikkarten und eine Coeurkarte, und Ost hat fünf Coeurkarten und ein Pik, so viel wissen wir im Augenblick. Plangemäß spielen wir jetzt klein Karo zur Zehn des Tisches, und Ost gibt ein kleines Treff. Schwupp! Beide Gegnerhände sind mit einem Schlag zwei Transparente für Süd geworden: Ost hat single Pik, fünf Coeurs, single Karo und, demzufolge, sechs Treff-Karten:

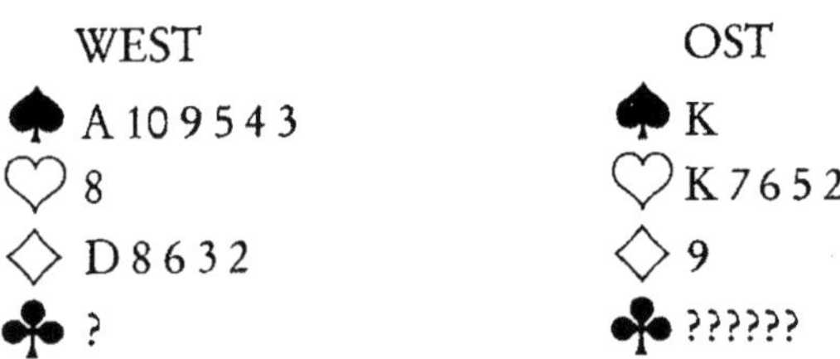

Im Augenblick sieht die Hand so aus:

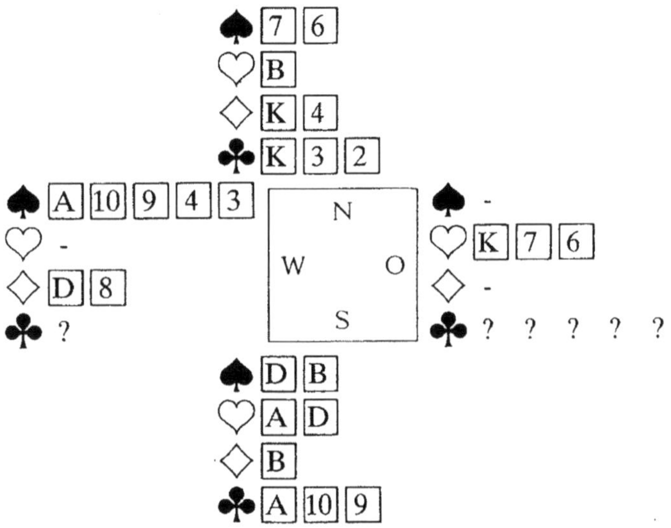

An Stichen haben wir inzwischen sicher: vier Coeur-Stiche, drei Karo-Stiche, zwei Treff-Stiche. Den zehnten Stich werden wir uns in Pik entwickeln, solange der Karo König des Tisches noch lebt. Zunächst aber kassieren wir die beiden restlichen Coeur-Stiche: Coeur Bube vom Tisch und Schnitt gegen Osts König, dann Coeur As. Jetzt spielen wir Pik Dame aus der Hand. West grübelt einen Augenblick, bevor er mit dem As nimmt. Das war sein Glück, wie wir gleich sehen werden. Das Rückspiel Pik Zehn gewinnen wir in der Hand und spielen *jetzt* Treff Neun: von West erscheint die single Dame. Daß sie ein Singleton ist, wissen wir schon seit einigen Minuten. Ohne jedes Muffensausesn können wir nun den Treff-Schnitt gegen den Buben bei Ost machen, weil wir uns die (kleine) Mühe gemacht haben, die gegnerischen Hände auszuzählen. Mit elf Stichen haben wir hier zweifellos ein sehr gutes Ergebnis erzielt. Fast wären es sogar zwölf geworden, wenn West seinem ersten Gedanken nachgegeben hätte und den achten Stich nicht mit dem Pik As gewonnen hätte: wir hätten, mit Pik Dame bei Stich geblieben, Treff gespielt und die Stiche Nr. 9, 10 und 11 in Treff gemacht: Ende des elften Stiches hätte das so ausgesehen:

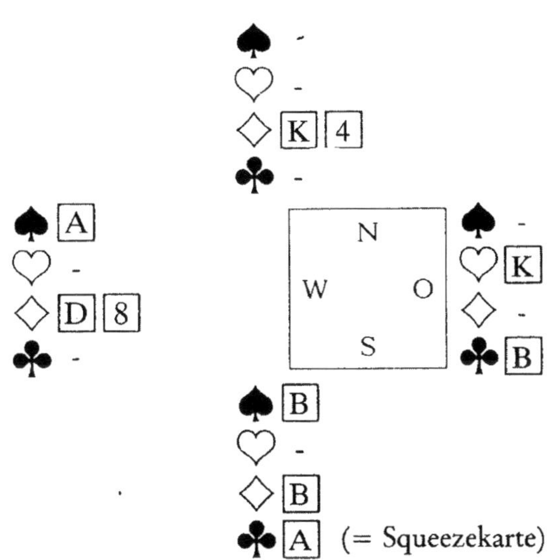

(= Squeezekarte)

West hätte mit zitronensaurer Miene Pik As oder Karo Acht wegwerfen müssen, und in beiden Fällen machen wir den Rest der (12) Stiche.

Beim Zählen dieser Hand haben wir zum ersten Mal den logischen Rückschluß angewandt: aus der Tatsache, daß Ost zum zweiten Stich nicht Pik zurückspielte, konnten wir den Schluß ziehen, daß er keins mehr hatte. Wir *wußten* es zwar nicht, aber wir konnten es als 99,99%ig sicher *annehmen*. Und das ist genau so gut.

Gewissenhafte Alleinspieler erkundigen sich schon vor Beginn des Spiels beim Gegner – oder auf der Konventionskarte: »Wie spielen Sie, bitte sehr, aus?« Die Antworten, die sie gelegentlich auf diese berechtigte Frage erhalten, nämlich »Gut!« oder »Links vom Daumen« oder »Normal« sind zwar witzig, aber doch eher nichtssagend. Was der Alleinspieler vom Gegner hören will, ist vielmehr: »Die Vierthöchste!« oder »Dritte, Fünfte«, oder »As von As, König«, oder »Journalist Leads« etc. etc., d.h., der Alleinspieler hat das Recht, sich beim Gegner zu erkundigen, welche Vereinbarungen sie für das Ausspiel getroffen haben. Wir sollten uns angewöhnen, als Gegenspieler diese Frage des Alleinspielers nicht als Neugier oder Indiskretion oder Impertinenz anzusehen, sondern bereitwilligst Auskunft über die mit dem Partner getroffenen Vereinbarungen oder, falls nicht ausdrücklich darüber gesprochen worden ist, über die partnerschaftlichen Gepflogenheiten beim Ausspiel zu erteilen. Der Alleinspieler hat, wie gesagt, nach den Regeln des sportlich und fair ausgeübten Bridgespiels das Recht auf diese Auskunft. Und weshalb will er es so genau wissen? Weil er sich schon darauf vorbereiten will, die Hand eines Gegners auszuzählen. Diese Frage (oder der Blick auf die Konventionskarte) wird von praktisch allen guten Bridgespielern gestellt, sie geschieht bei ihnen automatisch, wie J.R. Ewings Griff nach der Whiskyflasche, wenn er ins Wohnzimmer von Southfork gewatschelt kommt, um eine neue Schweinerei auszuhecken.

Sie, verehrter Leser, sollten sich auch daran gewöhnen – nein, nicht an die Whiskyflasche, sondern an die Frage. Sie sollten spätestens in dem Moment, der Sie zum Alleinspieler gemacht hat, also möglichst noch vor dem Ausspiel des Gegners, über dessen Ausspielgepflogenheiten oder -vereinbarungen Bescheid wissen.

Wenn West zum Beispiel gegen Ihre 3 SA die Pik Drei ausspielt und Sie folgende Pikausrüstung haben:

♠ 9 7 4
gegenüber
♠A K 2,

dann ist es für Sie doch außerordentlich wichtig zu wissen, ob West nach der Elferregel (also die Vierthöchste) oder »Dritte/Fünfte« ausspielt, denn im ersteren Fall (Elferregel) wissen Sie, daß West nur vier Pikkarten hat, und im zweiteren nehmen Sie an, daß es fünf Stück sind. Ihr ganzer Spielplan kann doch davon abhängen, ob die Piks der Gegner 4 – 3 oder 5 – 2 verteilt sind, nicht wahr? Wenn zum Beispiel alle Schnitte gegen die Westhand zu machen sind, dann brauchen sie im Falle der Pikverteilung 5 (West) – 2 (Ost) den ersten Pikstich nicht zu verweigern, weil im Fall des Mißlingens eines Schnittes Ost nur noch einmal Pik zurückspielen könnte. Stehen dagegen die Piks 4 (West) – 3 (Ost), dann müssen Sie diesen oder spätestens den nächsten Stich verweigern. Sie sehen an diesem ganz elementaren Beispiel, wie wichtig es ist, Bescheid zu wissen. Und wenn Sie diese Frage stereotyp stellen – man soll das freundlich und verbindlich tun –, dann werden sich in Ihrem Alleinspiel neue Dimensionen auftun, denn Sie werden die erhaltene Information, auf die Sie – dies sei hier ausdrücklich noch einmal wiederholt – ein unabdingbares Recht haben, zum Auszählen einer der beiden gegnerischen Hände verwerten. Beispiel:

PAARTURNIER

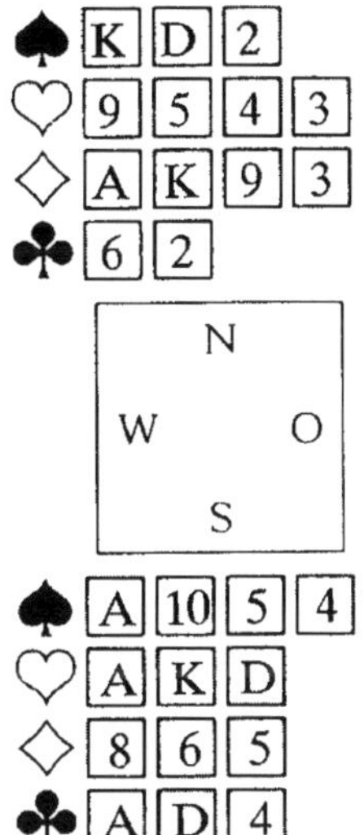

Mit satten 31 Punkten, aber ohne jede Länge, sind Sie klugerweise in Drei Sans-Atout stehengeblieben. West greift mit der Treff Drei an. Sie hatten sich vor dem Ausspiel die Auskunft eingeholt: dritthöchste oder fünfthöchste. Die Treff Zwei des Tisches sagt Ihnen deutlich, daß West seine kleinste Treffkarte ausgespielt hat, also allerwahrscheinlichst die fünfthöchste. Das bedeutet: West hat fünf Treffkarten. Ost produziert den Treff Buben, und Sie gewinnen mit der Dame. Sie zählen die Stiche: drei in Pik, drei in Coeur, zwei in Karo und zwei in Treff nach diesem Ausspiel. Macht zusammen zehn. Sie machen sich auf die Suche nach einem möglichen elften Stich, denn Sie spielen ja Paarturnier. Vordergründig könnte das vierte Coeur des Tisches einen Stich machen, wenn die Coeurs bei den Gegnern im Verhältnis 3:3 verteilt sind. Wenn dann auch noch die Karos 3:3 verteilt sind oder wenn man vier Pikstiche machen könnte, betrüge die Ernte sogar zwölf Stiche. Auch ein Squeeze ist denkbar: wenn West vier Coeurs *und* vier Karos hätte, dann wären die Coeur Neun und das vierte Karo des Tisches eine ernste Bedrohung für ihn. Vorausgesetzt, man »findet« den Pik Buben, würde die Endstellung zum – Moment – ja, zum zehnten Stich so aussehen:

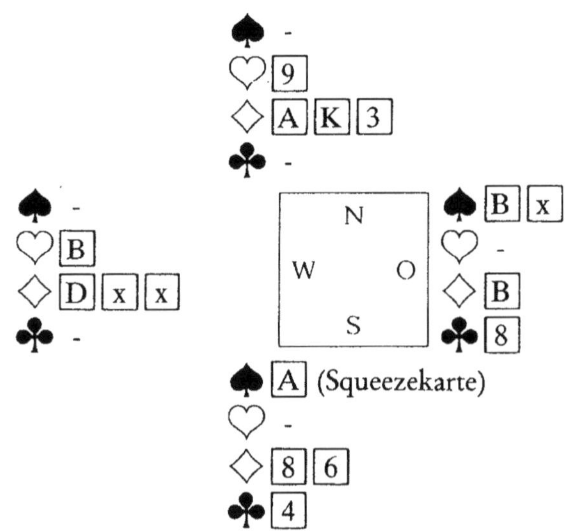

Das wäre schön, und probieren kann, nein, soll man es auf jeden Fall. Was tut der brave Squeezer als erstes? Damit diese Endstellung erreicht werden kann, muß er vorher dem Gegner einen Karostich überlassen. Sonst kann kein echter Druck entstehen. Man spielt deshalb zum zweiten Stich klein Karo aus der Hand, von West kommt die 7, und am Tisch wird die 9 eingesetzt. Ost gewinnt und spielt Treff 7 zurück. Wir gewinnen in der Hand mit Treff As und spielen jetzt Coeur As, König und Dame ab. Auf die dritte Coeur-Runde kommt von Ost erstaunlicherweise Treff 8. So wie oben geplant, kann die Endstellung wohl nicht mehr werden. Ost klammert sich offensichtlich an Karo fest, so daß West von dem Druck befreit ist. Er braucht nur Treff König und Coeur Bube zu halten, alles andere kann er wegwerfen. Schade. Aber noch kämpfen wir ja um den elften Stich, und zwar den vierten Stich in Pik. ZÄHLEN WIR DOCH EINMAL: West dürfte mit Sicherheit ursprünglich fünf Treffkarten besessen haben. Das nehmen wir nach dem Ausspiel Treff Drei und der erhaltenen Auskunft »Dritte/Fünfte« als sicher an. West hat außerdem, das wissen wir, vier Coeurkarten gehabt und eine Karokarte gezeigt. Wenn wir schon so viele Karten einer der unsichtbaren Hände kennen, müssen wir immer gleich einen mathematisch recht simplen Umkehrschluß ziehen:

ZEHN BEKANNTE – *DREI* UNBEKANNTE,

denn mehr als dreizehn Karten darf West nicht haben.

West kann also nur noch drei Karten in Pik und Karo zusammen besitzen. Wir spielen klein Karo zum Tisch, West bedient mit der 4. Nun wissen wir, daß er maximal zwei Pikkarten haben kann, spielen Pik König und Dame vom Tisch ab, West gibt die 3 und die 8, seine letzten beiden Unbekannten, so daß der Schnitt gegen Osts Pik Buben keine große Kunst mehr ist, WEIL WIR GEZÄHLT HABEN. Den letzten Stich müssen wir leider an Osts Karo Dame verlieren, aber mit elf Stichen sollten wir ein ganz manierliches Ergebnis schreiben und alle diejenigen Nichtzähler schlagen, die den vierten Pik Buben bei Ost nicht gefunden haben. Die ganze Hand sah so aus:

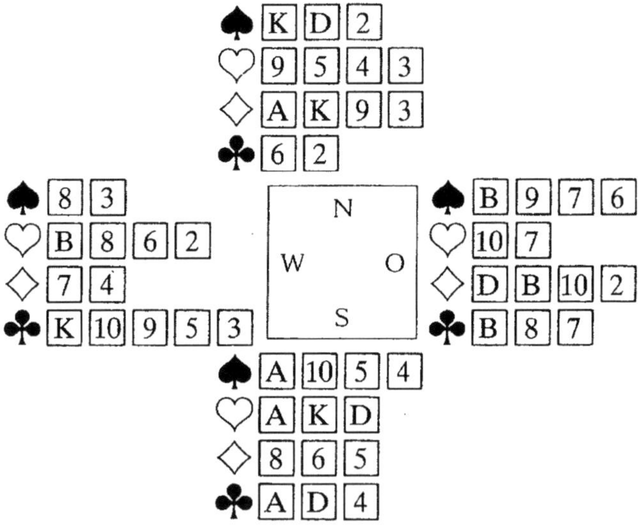

Man sieht aus den vorangegangenen Beispielen, wo wir nur gegnerische Karten und (noch) keine Punkte gezählt haben, daß man durch sorgfältiges Zählen – so bitter schmeckt es doch gar nicht mehr – aus vagen 50%igen Impaß-Chancen glatte 100 Prozent machen kann, weil man *weiß*, daß der Schnitt sitzen *muß*. Es ist ein sehr gesundes Bridge-Prinzip, nur solche Impasses zu machen, die gehen. Das läßt sich natürlich nicht immer verwirklichen, leider. Aber ein zweites, noch gesünderes Bridge-Prinzip lautet: Impasses, die nicht sitzen *können*, werden gar nicht erst gemacht. Das läßt sich immer verwirklichen.

REIZUNG

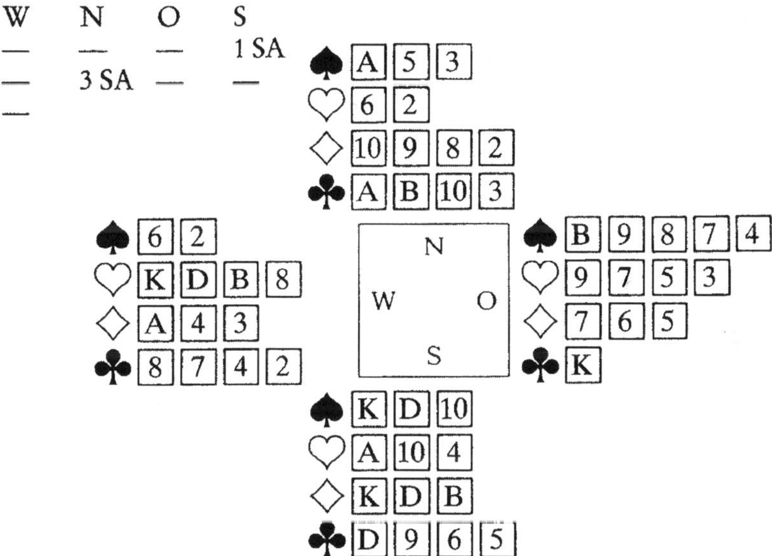

West greift mit Coeur König gegen 3 SA von Süd an. Der Alleinspieler nimmt den ersten Coeurstich nicht und verweigert auch die nachgespielte Coeur Dame, in dem Versuch, die Coeurverbindung zwischen West und Ost zu unterbrechen, falls West ursprünglich fünf Coeurs zu K, D, B hatte. Daß West ziemlich sicher auch den Coeur Buben hat, ergibt sich aus seinem unerschrockenen Spiel der Coeur Dame zum zweiten Stich. Die dritte Coeur-Runde wird mit dem As gewonnen, und Süd macht jetzt seinen Spielplan: drei Pikstiche, ein Coeurstich sind vier, und selbst wenn er den Treff König bei West aufspürt und herausschneidet, sind das erst acht Stiche. Ohne Karostiche kommt Süd also nie ans Ziel. Aus diesem Grund muß als erstes das Karo As bei einem der beiden Gegner herausgeleiert werden. Hoffentlich ist es Ost. Karo König wird aus der Hand gespielt, West steigt sofort mit dem Karo As drauf und kassiert einen weiteren Coeurstich. Ost bedient glücklicherweise noch Coeur, sonst wären wir ja schon down. West spielt zum sechsten Stich Treff Acht. Was machen wir? Wenn der Treff König bei West sitzt, müssen wir schneiden, sitzt er bei Ost, müssen wir wohl down gehen. Also beten wir, daß er bei West sitzt und lassen Treff zur Hand durchlaufen? HALT! NICHT SO SCHNELL! ZÄHLEN wir doch mal ein bißchen. Zeit haben wir genug, denn bisher verliefen ja Reizung und Spiel recht flott. REIZUNG! Natürlich, das ist hier das Stichwort für den Whisky-on-the-rocks. West war Teiler und hat gepaßt. In der Zwischenzeit hat er aber schon Coeur König, Dame, Bube und das Karo As gezeigt. Das sind doch zehn stabile Punkte. Und wenn er den Treff König auch noch hätte, wären das dreizehn Punkte mit vielen Kontrollen, eine Hand also, die jeder gesunde Westspieler in erster Position aufmacht, mit 1 Coeur, 1 Treff oder 1 SA, je nach Bietsystem. West kann also den Treff König gar nicht haben. Simpelster Umkehrschluß: Ost muß den Treff König haben, und der Treff-Schnitt *kann* nicht gehen. Wenn man mit diesem einfachen Zählvorgang durch ist, legt man vom Tisch das Treff As und siehe da! Treff König erscheint blank bei Ost. Später, in der Pause vor dem nächsten Durchgang, werden Sie von Ihren Freunden gefragt: »Haben Sie den blanken Treff König gefunden? Unglaublich, diese Computer-Hände!« Sie werden bescheiden, aber nicht ganz ohne Stolz, antworten können: »Computer oder nicht, *diesen* blanken Treff König sollte man finden, wenn man ein bißchen zählen kann. Das ist weder Hexerei noch habe ich dem Gegner in die Karten geguckt. Es ist einfachste Schulbubenmathematik.« Dieses einfache Zählen von Punkten – teils negativ: diese Hand *kann* die und die Karte *nicht* mehr haben, sonst hätte sie..., und teils positiv: diese Hand *muß* die und die Karte haben, sonst hätte sie nicht... – kommt in der täglichen Bridge-Praxis außerordentlich häufig vor und wird von vielen, auch unerfahreneren Spielern oft instinktiv, mehr gefühlsmäßig, durchgeführt. Instinkt und Gefühl sind gut, aber haargenaues ZÄHLEN ist wesentlich besser, wie wir an dem nachfolgenden Beispiel erkennen müssen:

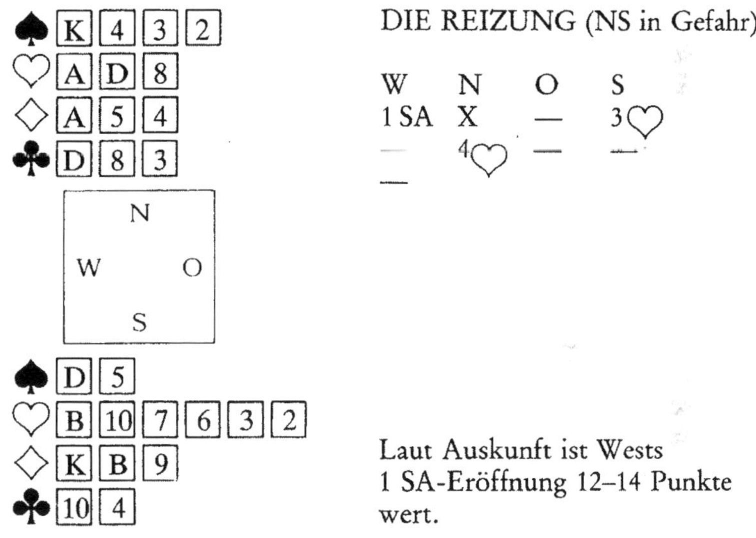

DIE REIZUNG (NS in Gefahr)

W	N	O	S
1 SA	X	—	3♡
—	4♡	—	—
—			

Laut Auskunft ist Wests 1 SA-Eröffnung 12–14 Punkte wert.

Sie (Süd) sind ja ganz schön auf's Gas gegangen mit Ihrem 3-Coeur-Gebot. Sie wissen doch, daß Ihr Partner Nord auf jede Hochzeit tanzen geht, wenn man ihn dazu einlädt. West greift mit dem Treff As an, erhält vom Partner Ost ein positives Signal und spielt Treff weiter. Ost gewinnt den Stich mit dem Buben und spielt Treff König hinterher. Sie trumpfen in der Hand, und West bedient glücklicherweise noch einmal. Die Trumpffrage dürfte eigentlich kein großes Problem für Sie sein. Zwei Treffstiche haben Sie schon verloren, einen Pikstich müssen Sie an das As verlieren. Bleibt Karo als Unsicherheitsfaktor: Sie dürfen keinen Karostich verlieren. Sie spielen Coeur Bube, der von West gleich mit dem König gedeckt wird. Sie gewinnen am Tisch mit dem As und spielen Coeur Dame. Beide Gegner bedienen. Damit ist die Trumpffrage erledigt. Wieviele Punkte hat West bisher schon gezeigt? Coeur König (3), Treff As (4) sind 7. Pik As (4) muß er haben, das ist sicher. Das wären elf Punkte. Die einzigen beiden Unbekannten sind jetzt noch Pik Bube (1) und Karo Dame (2), nachdem Ost schon Treff König und Bube hergezeigt hat. Wenn West den Pik Buben besitzt, kann Ost theoretisch die Karo Dame haben, denn West hätte dann das Minimum von 12 Punkten für seine Eröffnung.

Schauen wir doch mal nach! Wir spielen klein Pik vom Tisch zur Dame der Hand. West nimmt erwartungsgemäß mit dem As und spielt Pik 6 zurück. Wir geben vom Tisch den König, spielen eine dritte Pikrunde vom Tisch, und bei Ost taucht der Bube auf. Wir trumpfen in der Hand und *wissen* jetzt: West muß die Karo Dame haben, sonst hätte er mit elf Punkten nicht 1 SA aufgemacht. Der »klassische« Karo-Impaß vom Tisch zum Buben der Hand kann also gar nicht gehen. Was ist zu tun? Soll man hier auf die double Karo Dame bei West spielen und As, König abziehen? BITTE NICHT! Das kann doch gar nicht gehen, denn mit zwei roten Doubles hätte West mit 1 Treff und nicht mit 1 SA eröffnet. Da war doch noch was! Ist das nicht haargenau die Situation, die wir kürzlich im Zusammenhang mit dem Rück(wärts)-Impaß besprochen haben? Wir sagen uns ganz einfach: Der »normale« Schnitt gegen Karo Dame bei Ost *kann* nicht sitzen, weil wir wissen, daß die Karo Dame bei West steht. Von der Karo Zehn dagegen wissen wir nichts. Die kann genauso gut bei Ost wie bei West stehen. Schön, daß wir die Karo Neun haben! Deshalb wird der gewissenhafte Punkte-Zähler jetzt Karo-Buben vorlegen, und wenn er von West mit der Dame gedeckt wird, diesen Stich am Tisch mit dem As gewinnen. Dann wird klein Karo vom Tisch gespielt und mit der Neun gegen die Zehn bei Ost geschnitten. Aus einer 0%igen Chance haben wir durch wackeres Zählen wenigstens eine 50%ige Chance herbeigeführt und in diesem Fall den Kontrakt gewonnen. Schade, daß West nicht kontriert hat:

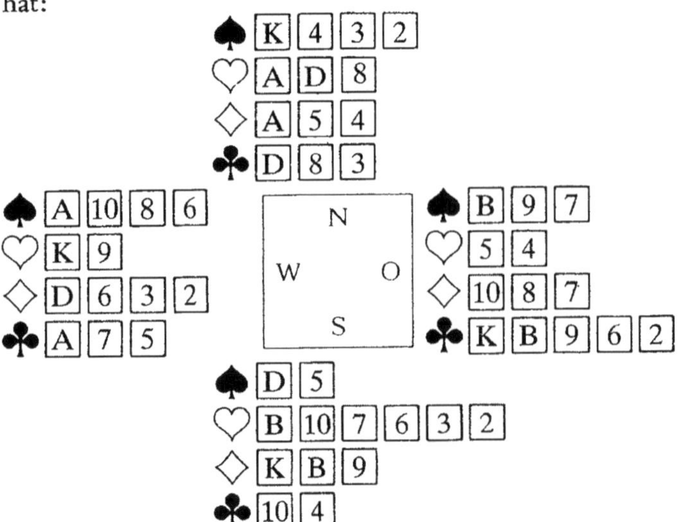

Ein Tip, der Ihre Chancen in dieser Hand noch weiter erhöht: bevor Sie zur Backward-Finesse (Rück-Impaß) ansetzen, spielen Sie, bitte, Ihre beiden letzten Atouts ab. Wie Sie sehen, kommt West bei der letzten Trumpfkarte im zehnten Stich ganz gehörig ins Schwitzen:

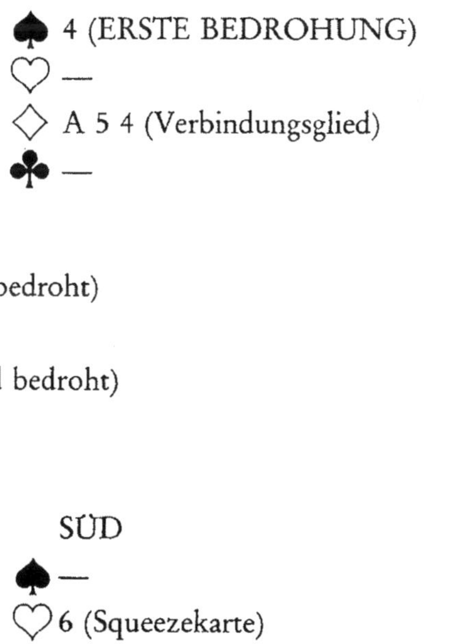

NORD
♠ 4 (ERSTE BEDROHUNG)
♡ —
♢ A 5 4 (Verbindungsglied)
♣ —

WEST
♠ 10 (von Nord bedroht)
♡ —
♢ D 6 3 (von Süd bedroht)
♣ —

SÜD
♠ —
♡ 6 (Squeezekarte)
♢ K B 9 (ZWEITE BEDROHUNG)
♣ —

Ein voll durchtrainierter Squeeze-Spieler wird diese Hand wahrscheinlich so spielen, nachdem er festgestellt zu haben glaubt, daß die Pik Zehn bei West steht. Das ist zwar nicht hundertprozentig sicher, aber doch sehr wahrscheinlich. Die Westhand könnte auch so ausgesehen haben:

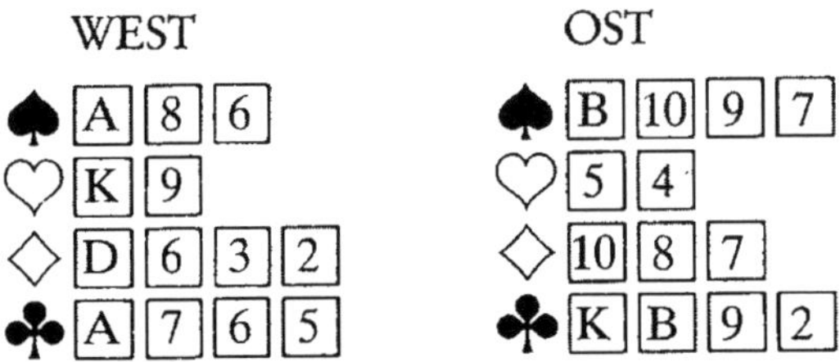

Dann ist sie nicht gesqueezt und die Backward-Finesse wäre die Ultima Ratio. Der vorangehende Squeeze-Versuch kann aber nichts schaden, und wenn West beim Spiel der Squeeze-Karte tüchtig herumzappelt, bevor er klein Karo zugibt, können Sie sicher sein, daß er auch die Pik Zehn hat. Anderenfalls schmisse er ja mit leichter Hand sein letztes Treff weg. Wichtig war im Zusammenhang mit dieser Hand nur das Eine: Sie wissen auf Grund des Zählens, daß West die Karo Dame hat und deshalb der normale Schnitt nicht gehen kann.

Wenn Sie weiter tüchtig zählen, kommen Sie zu Hause in Ihrem Bridge-Club bald in den Ruf, entweder ein Hellseher oder eine Giraffe zu sein. (In Italien heißen die – wenigen – Spieler, die beim Gegner gnadenlos in die Karten gucken, und dabei oft lange Hälse machen, nach diesem exotischen Tierchen, aber in unseren Breiten gibt es ja, schon aus klimatischen Gründen, keine Giraffen, oder?) Und das Zählen schmeckt doch eigentlich ganz prima, besonders, wenn man unmittelbar danach den Erfolg in Form eines guten Ergebnisses schwarz auf weiß lesen kann. Sind Sie etwa schon süchtig nach dem Zählen, verehrter Leser? Oder wollen wir noch eine Hand miteinander auszählen? Also gut, schon überredet:

TEAMTURNIER
NORD/SÜD IN GEFAHR

Die kurze Reizung:

O	S	W	N
1♡	2◇	X	—
—	—		

(Ost-West spielen Precision Club bzw. Präzisions-Treff)

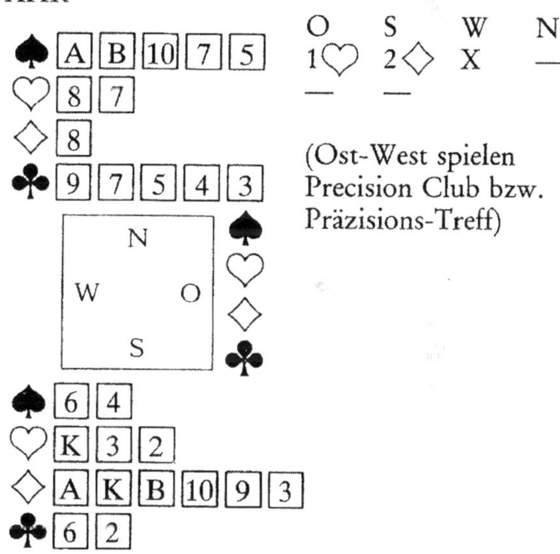

Auweia, Süd! Da haben Sie sich wohl ein Ding eingefangen! Dabei wollten Sie doch auch nur mal was sagen. Ihr Partner Nord hat ergrimmt gepaßt. (Bitte, liebe Nordspieler, versuchen Sie in dieser Situation nicht zu »retten«, davon wird es meist nur noch schlimmer!) Und *so* schlimm ist es ja gar nicht, denn West greift mit Coeur Dame an. Ein Coeur-Stich, fünf Karo-Stiche und Pik As – also mehr als einmal werden Sie nach diesem Angriff kaum fallen. Ost gewinnt mit dem Coeur As, zieht Treff As und König ab und spielt zum vierten Stich Karo Sechs, der Schuft. Das muß Ost aber machen, sonst könnten Sie womöglich einen Coeurverlierer mit der single Karo Acht des Tisches schnappen. Machen Sie jetzt bitte nicht den Karo-Schnitt – West hat Strafkontra gegeben und muß die Karo Dame haben. Sie gewinnen den Stich also mit Karo As und sehen sich Hand und Tisch an. Zu blöd! Der Gegner hat wahrscheinlich gar nichts drin – allenfalls 140 für 2 Coeur + 1, und Sie müssen für 200 fallen. Müssen Sie wirklich? ZÄHLEN SIE MAL PUNKTE! Ost war so freundlich, Treff As und König abzuziehen. Sehr geschickt war das nicht von ihm, denn er hat Ihnen dadurch 7 Punkte seiner Hand gezeigt. Das Coeur As haben Sie auch gesehen. Sind schon 11!

Was sagen Ihnen diese elf Punkte? Nicht mehr und nicht weniger, als die kristallklare Erkenntnis: Ost kann nicht Pik König *und* Pik Dame haben, denn dann hätte er 16 Punkte gehabt und die Hand mit 1 Treff eröffnet. Umkehrschluß: West muß Pik Dame oder Pik König haben. Zeigt sich da nicht ein schmaler Silberstreifen am Horizont? Wenn wir jetzt sofort klein Pik aus der Hand spielen und vom Tisch die Zehn geben, kann Ost den Stich mit seiner einen Pik-Figur gewinnen. Wenn dann Coeur zurückkommt, gewinnen wir mit dem König und wiederholen den Pik-Schnitt gegen Wests Figur. Glücklicherweise *wissen* wir durch ZÄHLEN, daß das nicht schief gehen kann (sonst würde unser Pik As am Tisch einschlafen und wir würden zweimal für 500 down gehen). Aber das, kann, wie wir wissen, nicht sein. Wir schicken, bevor wir das erste Pik aus der Hand hinlegen, ein kurzes Stoßgebet zu unserem alten Freund Samiel: Hoffentlich hat West nicht das 31. Kapitel des Neuen Bridge-Gefühls gelesen, oder hoffentlich denkt er wenigstens im Augenblick nicht daran! Wenn West klein Pik zugibt, geht unser Plan auf: Ost gewinnt mit dem König, spielt Coeur, wir gewinnen den Stich und spielen Pik zum Buben. Auf Pik As des Tisches werfen wir unser letztes Coeur, gehen mit einem Treff-Schnapper in die Hand zurück, und alles, was West jetzt noch machen kann, ist seine Karo Dame. Die ganze Hand:

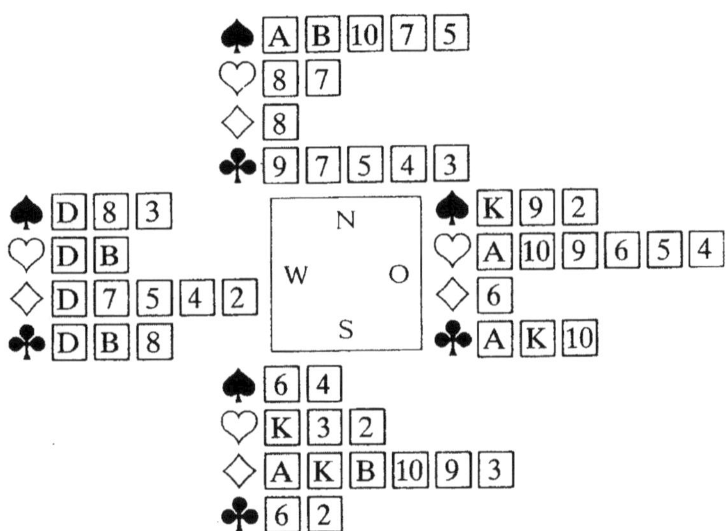

Zugegeben, wie die Weltmeister haben Ost-West hier nicht gespielt; Ost schimpfte auch mit einiger Berechtigung: »Ha, Du Dackel, warum bischt d'n Du net glei mit d'r Pik Dam' nei?« Sie haben es erraten: die Hand ist kein Phantasieprodukt, sondern kam vor einiger Zeit bei einem Teamturnier im Schwäbischen vor. West hätte den Vorwurf seines Partners kontern können: »Ha no, die zwoi Treff-Stich' hättscht net kassiere müsse, Du Grasdackel! Na hätt' d'r Alloischpieler NIE in Pick zwoimol schneide könne!« Die Hand brachte 9 »Internationale«, weil die Reizung am anderen Tisch identisch verlief und Süd einmal down ging. Wichtig für uns in diesem Zusammenhang ist nur, daß wir auf Grund unseres Zählens und der daraus gewonnenen Erkenntnis voller Vertrauen und ohne Angst vor einem zweiten Faller den Pik-Schnitt wiederholen konnten.

Leider reicht der Platz nicht mehr für weitere Übungshände, mit deren Hilfe wir uns schon hier und heute an das Zählen gewöhnen könnten. Es sollte hier nur ein Vorgeschmack vermittelt werden. Den Gewöhnungsprozeß muß jeder einzelne aus eigenem Antrieb in Gang setzen, bis es dann eines Tages zur Leidenschaft wird:

MAN MUSS SICH NUR AM ANFANG QUÄLEN,
KARTEN UND PUNKTE AUSZUZÄHLEN,
UND ÜBT MAN TÄGLICH, STÄNDIG, TÜCHTIG,
DANN WIRD MAN EINES TAGES »SÜCHTIG«!

KAPITEL 21

Hau' dem Gegner frech und munter im Vorbeigehn eine runter!

(Alleinspiel, Farbkontrakte)

Gehen Sie manchmal ins Fußballstadion? Nein? Aber die Sportschau sehen Sie doch jeden Sonnabend, falls Sie nicht gerade an einem Bridgeturnier teilnehmen, gelle? Da haben Sie sicher schon oft gesehen, wie ein Roter an einem Blauen vorbeirennt – der Ball ist ganz woanders – und dem Gegner mal kurz den Ellbogen in die Rippen rammt, in die Knochen tritt oder schlicht eine Ohrfeige verabreicht. Schön ist das nicht, und wenn es der Schiedsrichter sieht, wird der Übeltäter gerechterweise auch dafür bestraft.

Beim Bridge ist es erlaubt! Selbstverständlich nicht der tätliche Angriff auf den Gegner, aber der Schlag im Vorbeigehen, oder »Coup en passant«, der recht häufig anzuwenden ist.

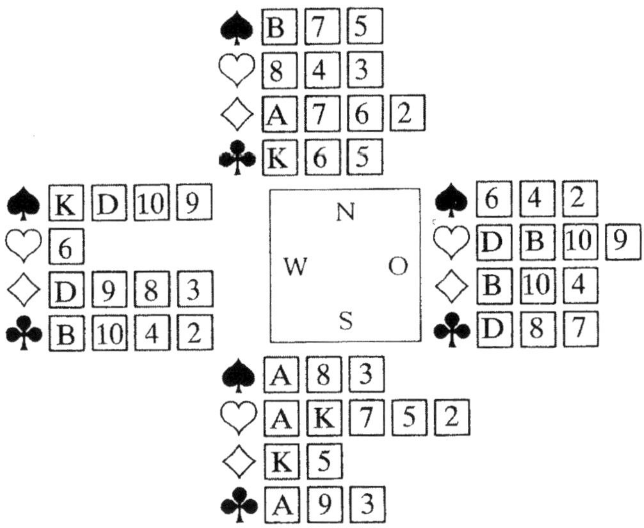

Sie sind auf Süd Alleinspieler in Vier Coeur geworden und erhalten von West den Angriff Pik König, Sie Glückspilz! Diesen Angriff machen aber vermutlich 95% aller Westspieler, deshalb ist der geschenkte Pikstich wahrscheinlich gar nichts Besonderes. Sie gewinnen mit dem Pik As und ziehen zwei Runden Trumpf. Schreck laß nach! Die Trümpfe sitzen wieder mal so schlecht, daß man wohl vier Stiche verlieren muß: zwei Trumpfstiche, einen Pikstich und einen Treffstich, daran scheint kein Weg vorbeizuführen. (Dies ist kein Fall für ein Trumpfverkürzungsspiel, weil Ost die beiden höchsten Trümpfe in der Hand hält.) Also aufgeben, resignieren?

Aber nicht doch! Das tun wir doch schon lange nicht mehr. Sehen Sie eine Möglichkeit, einen der vier Verluststiche zu vermeiden – theoretisch zunächst einmal? Die beiden Trumpfstiche sicherlich nicht, und auch den Pikstich nicht, denn um den Pik Buben zu einem Stich für unsere Seite umzufunktionieren, müssen wir erst West die Dame machen lassen. Bleibt also der Treff-Verluststich. Wenn wir eine Konstellation herbeiführen, in der Ost mit einem seiner beiden hohen Trümpfe vorstechen muß und wir in diesem Stich unseren Treffverlierer wegwerfen können, dann müßte das doch eigentlich funktionieren. Probieren wir es: zum vierten Stich spielen wir klein Pik aus der Hand. West gewinnt mit der Dame und spielt Treff Bube nach. Wir gewinnen in der Hand mit Treff As, spielen Karo König und Karo zum As. Eine dritte Karorunde wird in der Hand getrumpft. Dann gehen wir mit dem Pik Buben wieder an den Tisch und haben diese Stellung erreicht:

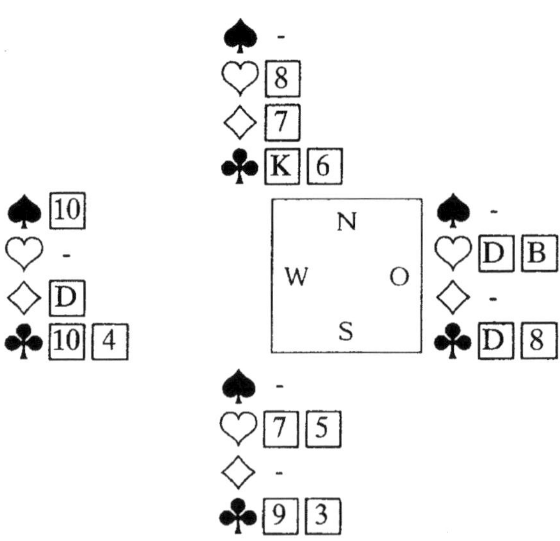

Jetzt kommt der Schlag im Vorbeigehen: spielen wir die Karo Sieben vom Tisch! Was macht Ost? Entweder er schnappt vor, dann werfen wir die Treff Drei weg, oder Ost wirft Treff Acht weg, dann schnappen wir in der Hand, spielen Treff zum König, und Ost »darf« seine beiden hohen Trümpfe machen. Gar nicht so übel, dieser Coup en passant, nicht wahr? Und auch nicht so selten, als daß wir ihn nicht mit einer zweiten Beispielhand vertiefen sollten. (Wie immer in diesem Buch wird dem Leser empfohlen, die kompletten Hände mit einem Kartenspiel auszulegen und, allein oder mit Bridgefreunden, nachzuspielen).

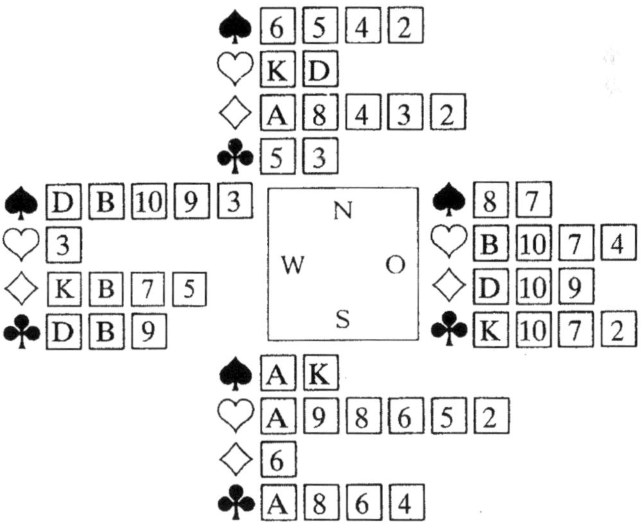

Süd ist Alleinspieler in Vier Coeur und erhält den Angriff Pik Dame. Wenn Süd nur seine Hand und den Tisch betrachtet, glaubt er, zehn sichere Stiche zu sehen: sechs in Coeur, zwei in Pik und je einen in den Unterfarben. Wenn er deshalb im zweiten Stich klein Coeur zum Tisch und eine zweite Coeurrunde vom Tisch spielt – Gand Malheur! West zeigt kein Herz mehr, und jetzt hat der Alleinspieler nur noch neun Stiche. Drei Treff-Stiche und einen Trumpfstich muß er verlieren, da hilft nichts (mehr). Heißt das also, daß er mit dieser Hand down gehen mußte, weil die Trümpfe so schlecht standen? Nein. Er kann die Hand auch etwas vorsichtiger spielen. Er sagt sich vorher: die sechs Trumpfstiche gehören als fester Bestandteil zu meinem Spielplan, ich will sie auch dann machen, wenn die Trümpfe schlecht stehen. Und wie kann ich das? Ich muß drei Trümpfe der Hand in Karo (oder Pik) verschnappen – das wären doch sechs Trumpfstiche: As, König, Dame plus drei Schnapper. Um dreimal in der Hand schnappen zu können, muß ich dreimal vom Tisch spielen, anders geht das nicht. Wenn ich Coeur König, Dame vom Tisch abspiele, kann ich nur ein einziges Mal von dort in Richtung Hand spielen. Ich brauche die beiden Coeur-Hochfiguren als Übergänge zum Tisch! Nach diesen reiflichen Überlegungen werden wir zum zweiten Stich auch Pik König kassieren, dann mit Karo 6 zum As des Tisches gehen und eine zweite Karorunde in der Hand trumpfen. Mit klein Trumpf zur Dame des Tisches, um eine weitere Karorunde zu schnappen. Wieder spielen wir klein Coeur und beglückwünschen uns für unser vorsichtiges Alleinspiel: West hat kein Coeur mehr! Der König des Tisches gewinnt, und jetzt folgt die »Ohrfeige im Vorbeigehen«: wir spielen vom Tisch Karo oder Pik, das ist egal:

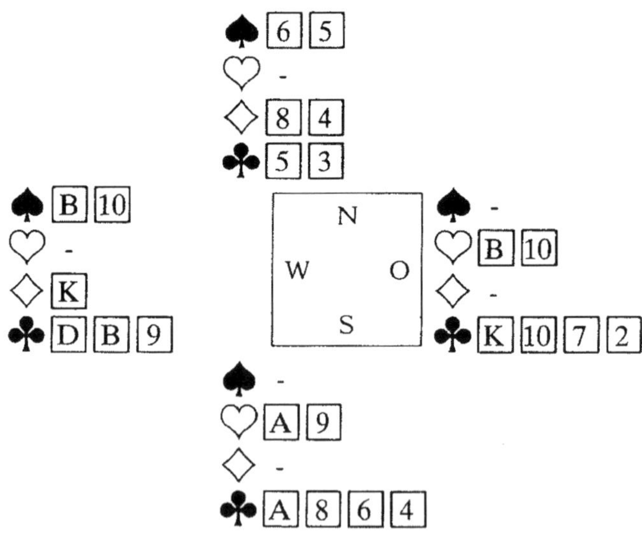

Wenn Ost ein kleines Treff wegwirft, schnappen wir mit Coeur Neun – das war unser achter Stich – und kassieren noch die beiden Asse. Sticht Ost dagegen mit Coeur Zehn vor, dürfen wir nicht überschnappen, sondern müssen einen unserer Treff-Verlierer wegwerfen. Mit Coeur As, Coeur Neun und Treff As machen wir im Anschluß daran die Stiche 8, 9 und 10. Dieser »Coup en passant« ist eine Art Sicherheitsspiel, das man risikolos (und ohne Versicherungsprämie) anwenden kann und sollte, bevor man überhaupt die schlechten Nachrichten vom 1:4-Stand der Trümpfe erhalten hat. Wenn es sich im Verlauf der Verhandlung herausstellt, daß die Trümpfe ganz normal, also 2:3, bei den Gegnern standen, kriegen wir in dieser Hand nur den Schönheitspreis für gutes Bridge-Spiel, aber in vielen Fällen werden wir mit dieser Hand Vier Coeur erfüllen, während eine ganze Reihe von Nord-Süd-Paaren down gehen müssen, weil sie zu neugierig waren und erst einmal nachsehen wollten, ob die Trümpfe der Gegner gutmütig sind.

HAU DEM GEGNER, FRECH UND MUNTER,
IM *VORBEIGEH'N* EINE RUNTER!

LETZTES KAPITEL

Aus Platzgründen ist dies das einzige Kapitel, das sich mit dem Gegenspiel befaßt, leider. Es soll dem Leser helfen, sich gegen Squeeze-Versuche des Alleinspielers ein bißchen zur Wehr zu setzen. Wie Sie sehen werden, ist das durch mehrere taktische Manöver möglich, die zum Teil rein technisch den Squeeze-Mechanismus, den Quetschapparat, zerstören, bevor er in Betrieb genommen werden kann, zum Teil den Alleinspieler über den wahren Stand der Karten im Ungewissen lassen, so daß er möglicherweise vom Squeezeversuch Abstand nimmt, und zum Teil dem Alleinspieler einen Kartenstand vorgaukeln, so daß er sich möglicherweise für die falsche Squeeze-Art entscheidet und damit seinen Squeezeapparat selbst zerstört, wenn wir das aus eigener Kraft nicht tun können.

Voraussetzung für geglückte Abfangmanöver ist allerdings das technische Wissen um die mathematischen und physikalischen Gesetzmäßigkeiten des Squeezes und die Vorwegnahme bzw. das Vorausahnen des bevorstehenden Squeezes und der demütigenden Squeezestellung, in der es *dann* keinen Ausweg mehr gibt. Das ist die eigentliche Schwierigkeit bei der Squeeze Defence. In aller Regel – es gibt nur sehr wenige Ausnahmen – benötigt der Alleinspieler zur Anfertigung des Spielplans, in dem ein Squeeze die zentrale Rolle spielt, auffallend viel Zeit. Nutzen Sie diese Zeit! Sehen Sie sich aufmerksam den Tisch und Ihre Hand an, hören Sie sich noch einmal in Gedanken die Reizung an und stellen Sie sich so genau wie möglich die Hand des Alleinspielers vor, hinsichtlich der Punktzahl und der Verteilung! Wenn Sie dabei feststellen, daß Hand und Tisch zusammen, sagen wir, 29 Punkte haben, wo die Erfüllung des Kontraktes keine Schwierigkeiten bereiten sollte, und der Alleinspieler immer noch an seinem Spielplan herumdoktert, dann haben Sie schon ein Indiz dafür, daß er um einen Squeeze für den elften oder zwölften Stich kämpft und gerade dabei ist, sich die Endstellung für seine Teufelei vorzustellen. Und genau *das* sollten Sie dann auch tun. Und wenn der Alleinspieler schließlich zum zweiten Stich zu spielen beginnt, haben Sie möglicherweise schon ein Rezept parat, mit dem Sie dem Gegner die Suppe versalzen können.

Einige dieser Rezepte sind im Nachfolgenden in Merkversform aufgezeichnet, Sie müssen dann halt nur damit zur Apotheke gehen und sich die Medizin besorgen, bevor der Schmerz beginnt.

I. Beim Endspiel-Squeeze bleibst du ganz cool und zappelst nicht auf deinem Stuhl: wirf frühzeitig Figuren blank, das macht den Squeezer oft ganz krank!

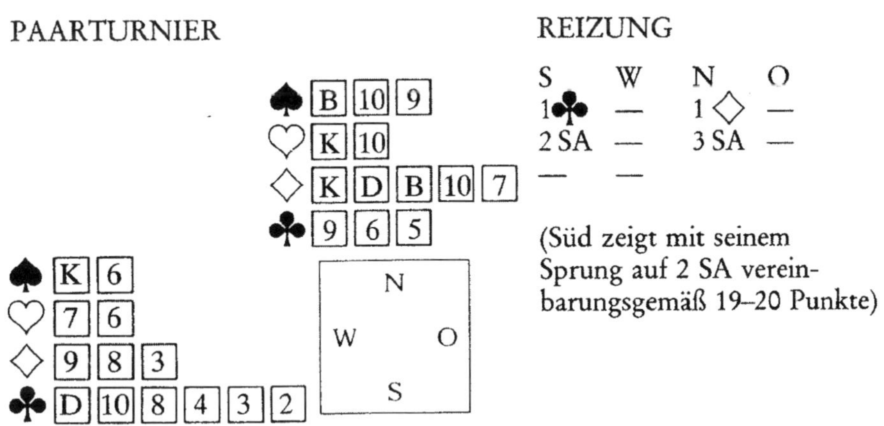

REIZUNG

S	W	N	O
1♣	—	1♢	—
2 SA	—	3 SA	—
—	—		

(Süd zeigt mit seinem Sprung auf 2 SA vereinbarungsgemäß 19–20 Punkte)

Sie sitzen auf West und dürfen gegen 3 SA ausspielen. Treff 4 ist die Karte Ihrer Wahl. Partner Ost gewinnt mit dem As und spielt Treff Buben nach, den der Alleinspieler mit dem König gewinnt. Dann versinkt er in dumpfes Brüten. Ist er eingeschlafen? Natürlich nicht: er zählt Stiche und denkt über seinen Spielplan nach. UND DAS TUN SIE BITTE JETZT AUCH!

Ihr Partner hat Ihnen schon fünf Punkte gezeigt. Wieviele kann er jetzt noch haben? Antwort: Keinen oder einen. Vielleicht hat er noch den Coeur Buben zu viert oder fünft, das wäre schön. Alles andere aber muß der Alleinspieler haben, um auf seine neunzehn Punkte zu kommen: Pik As, Dame (= 6), Coeur As, Dame (= 6) und Karo As (= 4). Dazu der bereits abgereiste Treff König. Nachdem die Treff-Farbe durch Ihren Angriff zur tödlichen Gefahr für Süd geworden ist, kann er den Pik-Schnitt nicht zu einem frühen Zeitpunkt machen, weil er dann – mit 29 Punkten – zweimal zu fallen riskiert. Der Alleinspieler wird vielmehr alle Coeur-Gewinner abspielen und dann fünf Runden Karo spielen. So weit sollten Sie auf West voraussehen können, denn der Blick in die nahe Zukunft ist kein Privileg des Alleinspielers. Und Sie sollten auch sehen, daß Sie bei der letzten Karokarte des Tisches in größte Schwierigkeiten kommen werden. Die von Ihnen voraussehbare Endstellung wäre so:

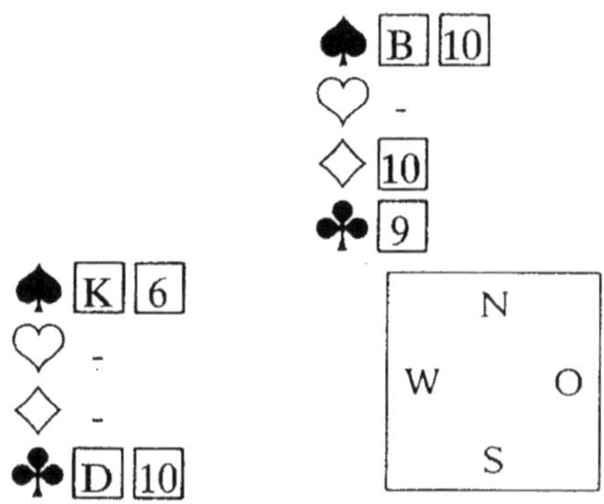

Auf die Squeeze-Karte Karo Zehn im zehnten Stich müssen Sie abwerfen: wenn Sie sich von der Treff Zehn trennen, ist die weitere Spielweise für Süd babyleicht und nur noch Formsache. Er übergibt Ihnen die Hand mit Treff Neun zur Dame, und dann dürfen Sie von Ihrem Pik König zu As, Dame beim Alleinspieler antreten. Also werden Sie sich schweren Herzens von der Pik 6 trennen, in der Hoffnung, daß Süd im elften Stich doch noch den Pik-Schnitt macht, Ihr blanker König diesen Stich gewinnt, und Sie noch zwei Treffstiche nach Hause bringen.

All das sollten Sie VORAUSSEHEN und VORWEGNEHMEN, während der Alleinspieler sehr ähnliche Gedanken hegt. Und vor allem das Eine sollten Sie erkennen: wenn ich meine Entscheidung, den Pik König blank zu stellen, unter sichtbaren oder wenigstens spürbaren Qualen *im Moment des Squeezes* treffe, wird der Südspieler die wahren Zusammenhänge erkennen und wissen, daß ich den Pik König blank stellen mußte. Mit anderen Worten: Sie müssen sich mit dem Gedanken, den Pik König blank zu stellen, schon vertraut gemacht haben, bevor der Alleinspieler nach Beendigung seines Spielplans das Spiel mit dem dritten Stich fortsetzt. Und dann werfen Sie bei der ersten Gelegenheit, also so frühzeitig wie möglich und im obigen Beispiel ist das die dritte Coeur-Runde, Ihre dämliche Pik Sechs weg, ohne Kummerfalten auf der Stirn zu zeigen oder schmerzlich zu stöhnen. Wenn dann der Moment des Endspiel-Squeezes – Stich Nr. 10 – herannaht, haben Sie noch folgende Karten:

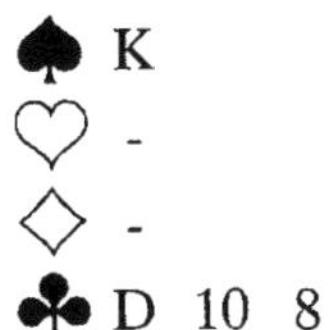

und werfen ohne das geringste Anzeichen von Sorge ganz »cool« die Treff Acht weg. Süd weiß jetzt zwar, daß Sie ein single Pik in der Hand haben, aber da Sie ihm im Moment des Squeezes Sorglosigkeit vorspielen konnten (bitte, nicht *zu* auffällig!), wird Süd sich in vielen Fällen doch noch für den Pik-Schnitt entscheiden. Manche Alleinspieler haben eine Unart, die nach der Bridge-Turnierregel gar nicht erlaubt ist: sie studieren im Moment des Squeezes die Gesichtszüge der Zitrone, also ihres auserwählten Squeezeopfers. Tun Sie diesen unartigen Alleinspielern nicht den Gefallen, irgendwelche Emotionen zu zeigen, und erwidern Sie keinesfalls den Blick. Auch wenn es in Ihnen brodelt, bleiben Sie in Ihrem Interesse kühl und beherrscht, und denken Sie im Augenblick des Squeeze-Endspiels am besten an irgendetwas ganz anderes, was mit Bridge überhaupt nichts zu tun hat:

BEIM ENDSPIEL-SQUEEZE BLEIBST DU GANZ »COOL«
UND ZAPPELST NICHT AUF DEINEM STUHL:

WIRF *FRÜHZEITIG* FIGUREN BLANK,
DAS MACHT DEN SQUEEZER OFT GANZ KRANK!

II. Fühlst du den Squeeze auf dich gerichtet, wird schnell der Übergang vernichtet!

In dem umfangreichen Teil, der sich mit dem Squeeze als Alleinspieltechnik befaßte, wurde schon zweimal die Frage an den aufmerksamen Leser gestellt, ob der betreffende Squeeze zu »knacken« gewesen wäre. Beide Male lautete die Antwort: Ja, wenn vorher der Übergang, also das Verbindungsglied zu derjenigen Hand zerstört worden wäre, die der Squeezekarte gegenüberliegt. Die Schwierigkeit besteht vielleicht darin, rechtzeitig zu erkennen, daß der Alleinspieler einen Squeeze plant. Es gibt aber einige untrügliche Anzeichen dafür. Aus der Reizung wissen Sie beispielsweise, daß der Alleinspieler eine sehr lange Farbe oder unglaublich viele Punkte haben muß. Und dann macht der Alleinspieler, der Ihnen sonst als recht flotter Spieler bekannt ist, auffällig lange an seinem Spielplan herum, bevor er zu spielen beginnt. Zu allem Überfluß läßt er Sie frühzeitig einen oder mehrere Stiche gewinnen. Jetzt können Sie fast sicher sein: der Mensch plant einen Squeeze. Spätestens jetzt sollten Sie sich Ihre Hand und den Tisch aufmerksam ansehen und prüfen, ob da nicht eine oder gar zwei Bedrohungen gegen Ihre Hand herumliegen. Bedrohung heißt, um es hier noch einmal zu wiederholen: eine einzelne Karte oder eine Kartenkombination, die zu Ihnen mit erhobenem Zeigefinger spricht: Hör mal zu, mein Junge, wenn Du in dieser Farbe eine wichtige Karte wegschmeißt, mache ich einen Stich! Und wenn Sie nach dieser Prüfung zu dem Schluß gekommen sind: hier wird ein (einfacher) Squeeze gegen mich geplant, dann stürzen Sie sich wie ein Habicht auf das Verbindungsglied, das, wie Sie längst wissen, neben den beiden Bedrohungen und der Squeezekarte das vierte funktionsnotwendige Element des Squeezemechanismus ist. Nehmen wir hierzu mal ein Beispiel:

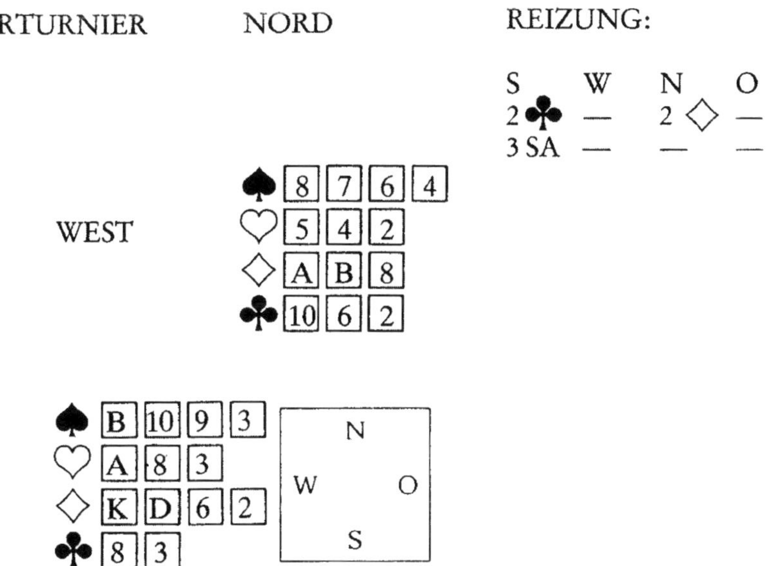

Sie sitzen auf West und greifen gegen 3 SA von Süd nach der obigen Reizung mit dem Pik Buben an. Schon vorher sollten Sie registriert haben, daß Süd nach seinem Sprung auf 3 SA 25 oder 26 Punkte haben dürfte. Beim Anblick des Tisches sehen Sie deshalb: Partner Ost kann keinen Punkt haben. Der Alleinspieler gewinnt Ihren Angriff mit Pik Dame und überlegt ein gutes Weilchen. Dann spielt er Herz König. Sie gewinnen diesen (oder den nächsten) Coeurstich mit dem As und tun jetzt bitte einen Blick in die unmittelbar vor Ihnen liegende Zukunft: Süd hat zu diesem Zeitpunkt noch Coeur Bube, Pik As und König und alle vier Treff-Figuren. Wenn Sie arglos sind und das »bequeme« Rückspiel Pik Zehn wählen, kann es schon passiert sein: Süd zieht seine beiden Pikstiche, Coeur Bube und vier Treffstiche von oben ab. Der Tisch und Ihre Hand sehen dann so aus:

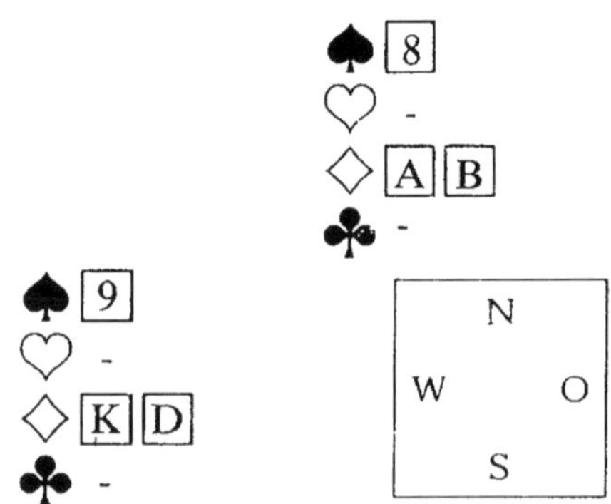

Wenn Süd jetzt noch ein fünftes Treff oder ein viertes Coeur besitzt und zum elften Stich spielt, sind Sie gesqueezt. Und das hätten Sie vermeiden können, wenn Sie, als Sie mit Coeur As bei Stich waren, den Karo König zurückgespielt hätten. Wenn das Karo As des Tisches verschwunden ist, können Sie sorgenfrei in die nähere Zukunft blicken: im Squeezestich können Sie beruhigt die Pik Neun wegwerfen, denn die Bedrohung durch die Pik Acht ist wirkungslos geworden, weil der Tisch nach dem Squeeze nicht mehr erreicht werden kann.

Wesentlich schwerer, aber nicht unmöglich, ist es für die unbedrohte Hand, das squeezebrechende Rückspiel zu finden. Wenn wir in der obigen Beispielhand eine Änderung vornehmen und dem Ostspieler das Coeur As geben, muß er zum dritten Stich spielen:

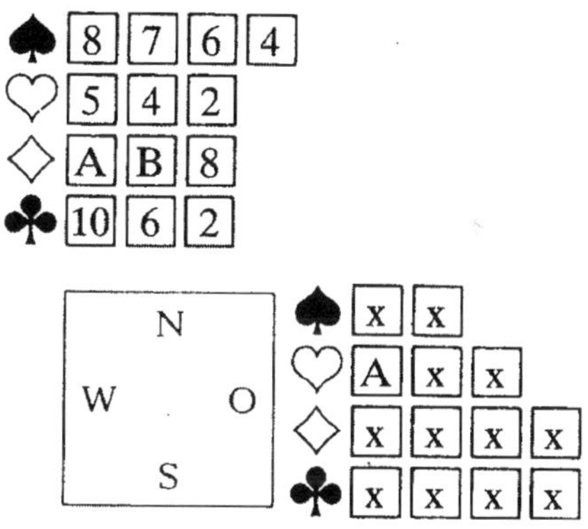

Ost, der ja auch die Reizung gehört hat und weiß, daß Süd insgesamt 25 Punkte hat, kann sich hier sagen: Ich, Ost, bin in keiner Farbe bedroht. Umkehrschluß: es ist möglich, wenn nicht sogar wahrscheinlich, daß mein Partner hier bedroht ist und deshalb ein einfacher Squeeze gegen ihn ins Haus steht. Wenn das der Fall ist, muß ich die Verbindung zum Tisch knacken. Wenn Sie, verehrter Leser, als Ostspieler diesen Gedanken haben und konsequenterweise Karo in die Stärke des Tisches rechts von Ihnen spielen – dann kann man Sie nur beglückwünschen, denn das ist, wie gesagt, nicht leicht.

Voraussetzung ist, sowohl für Ost als auch für West, das Wissen um die Zerbrechlichkeit des Squeeze-Mechanismus, und wenn sich bei einem bevorstehenden Squeeze die Möglichkeit ergibt, das Verbindungsglied – und damit den wirkungsvollen Squeeze – zu zerstören, dann sollten beide an diesen Knüttelvers denken:

FÜHLT IHR DEN SQUEEZE AUF EUCH GERICHTET,
WIRD SCHNELL DER ÜBERGANG VERNICHTET.

(Hätten Nord-Süd mit der Beispielhand 6 SA gereizt, wäre das Problem der Squeeze Defence gegen den zwölften Stich gar nicht erst entstanden: West hätte (mit Coeur As und Karo König, Dame) selbstverständlich Karo K ausgespielt und damit schon durch den Angriff das rohe Ei zerbrochen.)

III. Kommt dein Partner in die Enge, markier ihm wenigstens die Länge!

Was für gutes Gegenspiel ganz allgemein gilt, hat bei der Squeeze Defence besondere Gültigkeit: wenn die Hauptlast der Verteidigung auf den Schultern des einen Gegenspielers liegt und der andere Gegenspieler nur Schrott in seiner Hand hält, dann sollte dieser Schrotthändler nicht in den weitverbreiteten Fehler verfallen, uninteressiert zum Fenster hinauszugucken und mechanisch seine kleinen – scheinbar unbedeutenden – Karten zuzugeben. Sein Beitrag zum – möglicherweise – erfolgreichen Gegenspiel sollte darin bestehen, dem durch einen bevorstehenden Squeeze bedrängten Partner sehr sorgfältig und genau die Anzahl der Schrottkarten in einer oder zwei Farben zu markieren, damit der Partner erkennen kann, ob er von der unsichtbaren Hand des Alleinspielers bedroht ist oder nicht. Jeder Pseudo-, Pumperl- oder Gurken-Squeeze ist durch sorgfältige Längenmarkierung zu vermeiden, weil der gurken-gesqueezte Partner dank tatkräftiger Hilfe der Schrotthand die Hand des Alleinspielers »sehen« kann.

IV. Kannst du den Übergang nicht knacken, mußt du die Doppeldrohung packen!

Es gibt Fälle, in denen wir sehen können, daß da ein Squeeze auf uns zukommt, wir aber leider den Übergang nicht vernichten können, weil er unvernichtbar ist. Das ist meistens dann der Fall, wenn der Alleinspieler einen doppelten Squeeze plant, d.h., wenn wir (beispielsweise West) in einer Farbe bedroht, unser Partner vermutlich in einer zweiten Farbe bedroht, und wir beide in einer dritten Farbe, der sogenannten Doppeldrohung, bedroht werden. In diesem Fall ist es nicht gut, etwa diejenige Farbe zu spielen, in der der Partner bedroht ist, sondern wesentlich stärker und gelegentlich durchaus erfolgreich, die Farbe der doppelten Bedrohung zu spielen. Ein Beispiel soll das verdeutlichen:

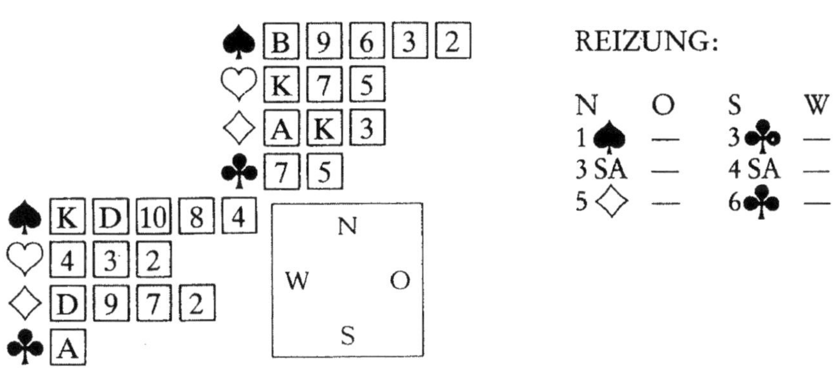

Süd ist Alleinspieler in Sechs Treff geworden, nachdem er sich vergewissert hat, daß ihm nur ein As fehlt. West greift mit Pik König an. Süd gewinnt mit dem As und spielt Treff König nach, den West mit dem As nehmen muß. Wenn West jetzt Pik Dame nachspielt, ist das, gelinde gesagt, etwas naiv wie der Glaube an den Osterhasen. Süd hatte doch sicher das blanke As, und dann bekommt er durch Wests Pik-Dame-Nachspiel den zwölften Stich in Gestalt des Pik Buben am Tisch gratis und franko geliefert. West muß sich schon etwas anderes einfallen lassen. Für sein Rückspiel kommen nur die roten Farben in Frage. Nach der stürmischen Reizung ist ziemlich sicher, daß Süd sehr viele Treff-Karten hat, wahrscheinlich sind es sieben Stück (da ihm das As fehlte). Pik As hat Süd schon gezeigt, dann dürfte er fünf rote Karten haben, unter denen sich das Coeur As befinden muß. Wenn er double Coeur As und drei kleine Karos hat, kann an und für sich nichts passieren, denn dann sollte die Verteidigung einen Karostich erzielen können. Was ist aber, wenn er drei Coeurs und double Karo oder gar vier Coeurs und single Karo hält? – Dann – richtig! – kommt ein Squeeze auf uns zu, und zwar einer von der ganz fiesen Sorte: ein doppelter Squeeze, in dem wir (West) in Pik und Karo bedroht sind und unser braver Partner drüben in Coeur und Karo. Die Endstellung könnte dann etwa so aussehen:

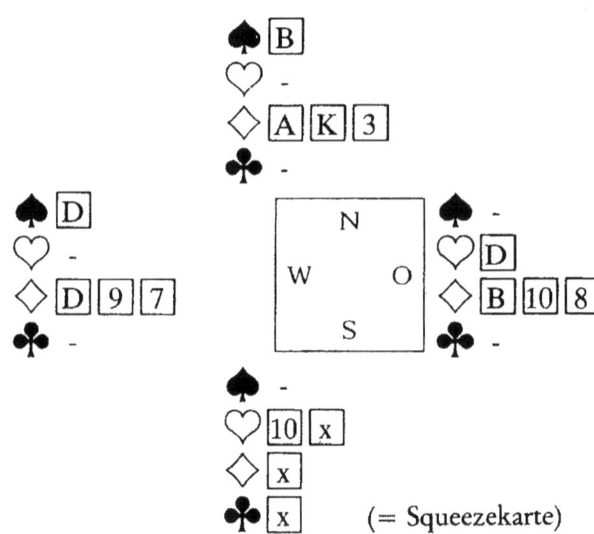

Pfui Deibel! Beim Spiel der Squeezekarte muß erst West abwerfen und wird sich für Karo Sieben entscheiden, vom Tisch wird Pik Bube weggeworfen, und dann ist Ost zwischen Coeur Dame und Karo Acht in der Mangel.

Wenn West zum dritten Stich das scheinbar einfachere oder bequemere Coeur-Rückspiel (»da kann doch nichts passieren!«) wählt, passiert eben doch etwas, und zwar die obenstehende ausweglose Squeeze-Endstellung. West hätte erkennen sollen, daß Coeur die Farbe ist, in der sein Partner bedroht ist. Und gerade die soll man beim bevorstehenden doppelten Squeeze nicht spielen, sondern die Farbe der Doppeldrohung. Das ist zwar keine Erfolgsgarantie, aber bei der Beispielhand hätte das Karo-Rückspiel zum dritten Stich gewirkt, wie die ganze Hand zeigt:

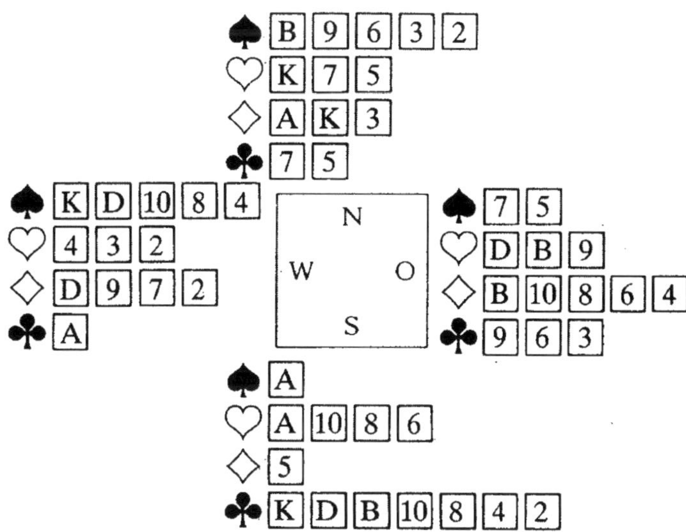

V. Denk immer an der Griechen Pferd, wenn man dir ein Geschenk verehrt!

(Gegenspiel beim Lackmeier-Squeeze)

Wären die Trojaner etwas mißtrauischer gewesen – Kassandra hatte sie zur Genüge gewarnt –, Troja stünde vielleicht heute noch. So aber fielen sie auf den billigen Trick mit dem Geschenk der Danaer herein und gingen unter.

Daran soll man immer denken, wenn man als Gegenspieler vom Alleinspieler unversehens ein Geschenk erhält. Meistens wird das in der Form geschehen, daß man gegen SA von der langen Farbe ausgespielt hat, in der legitimen Absicht, in dieser Farbe ein paar Stiche zu machen, und daß der Alleinspieler, offenbar ohne Angst vor den Verluststichen in dieser Farbe, auf seinen Zeitvorsprung verzichtet und uns großzügig die durch das Ausspiel entwickelten Stiche kassieren läßt. Es gibt nur eine einzige Erklärung für diese großzügige Haltung des Alleinspielers: er *will,* daß wir unsere Stiche kassieren, um dadurch unseren Partner zu squeezen oder wenigstens, um den Count zu rektifizieren, damit später Druck auf uns selbst oder den Partner ausgeübt werden kann. Wenn wir das klar erkennen, werden wir ihm den Gefallen nicht tun. Dazu ist – besonders im Paarturnier – einige Willenskraft und Beherrschung nötig. Man soll sich in so einem Fall wieder einmal recht simpel sagen: was gut für den Alleinspieler ist, kann nicht gut für unsere Seite sein! Und das Geschenk dankend ablehnen.

VI. Solang der Squeezer nichts vom Blatt weiß, führe ihn unverschämt auf's Glatteis!

Wie wir im vorderen Teil dieses Buches gelernt haben, muß der Alleinspieler in mancher Squeeze-Hand irgendwann eine wichtige und folgenschwere Entscheidung treffen, und zwar die Entscheidung, ob er einen einfachen Squeeze gegen einen in zwei Farben bedrohten Gegner oder einen doppelten Squeeze gegen beide Gegner spielen soll, wenn eine dritte Bedrohung vorhanden ist, die gegen beide Gegner gerichtet ist. Und wir hatten auch gelesen, daß in den meisten Fällen diese Entscheidung nicht mehr rückgängig gemacht werden kann, weil der Squeeze-Mechanismus für die eine Squeezeart zerstört worden ist. Als Gegenspieler sollten wir uns diesen Entscheidungsnotstand des Alleinspielers zunutze machen, wenn sich die Gelegenheit dazu ergibt.

Wenn wir zum Beispiel schon sehen können, daß wir die geeignete Zitronenhälfte für einen einfachen Squeeze gegen unsere Hand sind, weil wir in zwei Farben massiv bedroht werden, dann wirkt es oft, die dem Alleinspieler noch nicht bekannte bedrohte Farbe möglichst hoch unter der bedrohten Figur zu unterspielen. Der Alleinspieler kann dadurch auf's Glatteis geführt werden und bei sich denken: also, *der* Gegner da ist in dieser Farbe bestimmt nicht bedroht, diese Bedrohung *muß* doch gegen den anderen Gegner gerichtet sein. Daraufhin wird er sich für den doppelten Squeeze entscheiden und auf dem Glatteis ausrutschen, auf das wir ihn durch unser unverschämtes Unterspielen unseres Königs, beispielsweise, geführt haben:

♡A x

♡K 10 x ♡B x x x x

♡D x x

Wir befürchten auf West, in dieser Farbe und einer anderen gesqueezt zu werden. *Wir* wissen, daß der Squeeze gegen uns funktionieren wird. Der Alleinspieler weiß es noch nicht. Die Zehn ist eine echt unverschämte Karte, aber der Alleinspieler wird oft annehmen, der König stehe bei Ost, und das As des Tisches einsetzen, um später mit der Dame den König »bei Ost« zu bedrohen, statt einfach die Zehn von West zur Dame durchlaufen zu lassen, was ihm jeden Squeeze erspart. Bei dieser unverfrorenen Gegenwehr gegen einen Squeezeversuch muß West allerdings sicher sein, daß der Alleinspieler etwas vom Squeeze versteht, anderenfalls verschenkt er mit dem Spiel der Coeur Zehn einen Stich.

Zusammenfassend zum Thema Squeeze-Defence, für ihr Poesie-Album:

I. BEIM ENDSPIEL-SQUEEZE BLEIBST DU GANZ »COOL«
UND ZAPPELST NICHT AUF DEINEM STUHL:

WIRF *FRÜHZEITIG* FIGUREN BLANK,
DAS MACHT DEN SQUEEZER OFT GANZ KRANK!

II. FÜHLST DU DEN SQUEEZE AUF DICH GERICHTET,
WIRD SCHNELL DER ÜBERGANG VERNICHTET.

III. KOMMT DEIN *PARTNER* INS GEDRÄNGE,
MARKIER' IHM WENIGSTENS DIE LÄNGE!

IV. KANNST DU DEN ÜBERGANG NICHT KNACKEN,
MUSST DU DIE DOPPELDROHUNG PACKEN!

V. DENK IMMER AN DER GRIECHEN PFERD,
WENN MAN DIR EIN GESCHENK VEREHRT!

VI. SOLANG DER SQUEEZER NICHTS VOM BLATT WEISS,
FÜHRE IHN UNVERSCHÄMT AUF'S GLATTEIS!

NACHWORT

NACH PRAXIS UND NACH THEORIE
IN PROSA UND IN POESIE
IST EINE PAUSE ANGEBRACHT.
ICH HOFFE, ES HAT SPASS GEMACHT.

WENN JA, MEIN HERR UND MEINE DAME,
MACHEN SIE, BITTE SCHÖN, REKLAME,
DAMIT DIE FREUNDE EILENDS LAUFEN,
UM SICH DIES BÜCHLEIN AUCH ZU KAUFEN,

NICHT, UM DEN AUTOR ZU ERNÄHREN,
WOZU EIN PAAR *MEHR* NÖTIG WÄREN,
ALS ZWEI-, DREITAUSEND EXEMPLARE
IM LAUF DER NÄCHSTEN ZWEI, DREI JAHRE,

NEIN, DARUM GEHT'S DEM AUTOR NICHT
IN DIESEM KLEINEN SCHLUSSGEDICHT:
FALLS EINE GROSSE LESERSCHAR
MIT DIESEM BUCH ZUFRIEDEN WAR,

FÜHLT ER SICH NOCHMAL MOTIVIERT.
DANN WIRD EIN DRITTES BUCH PROBIERT,
NACH DEM REZEPT: DICHTUNG UND WAHRHEIT
VERMITTELN SPASS – UND NOCH MEHR KLARHEIT.

Die ganze Hand (s. Seiten 35/36):

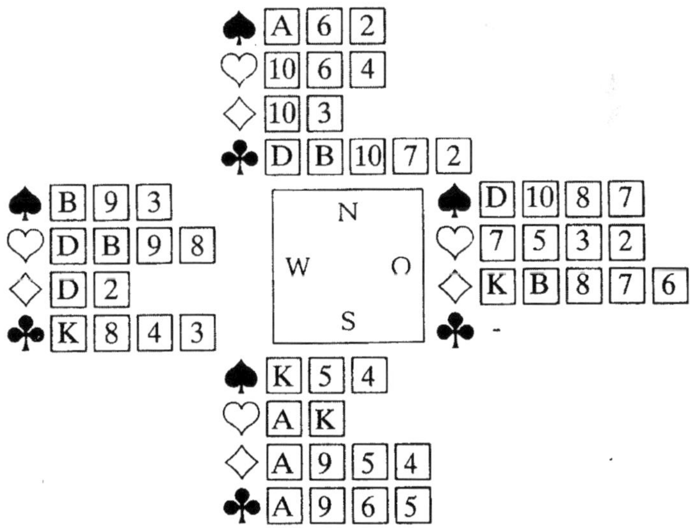

Die ganze Hand (s. Seite 102):

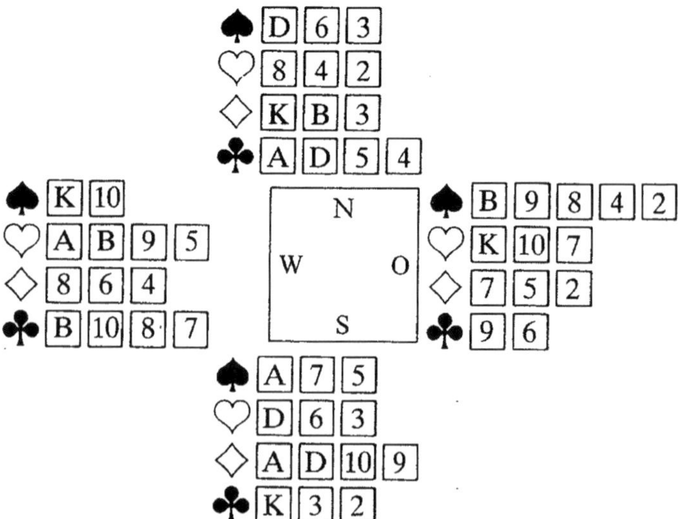

Die ganze Hand (s. Seite 158):

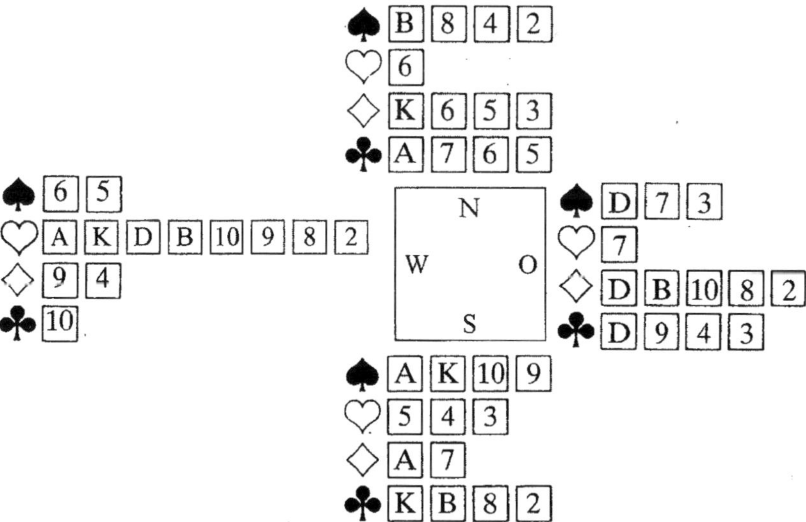

Die ganze Hand (s. Seite 163):

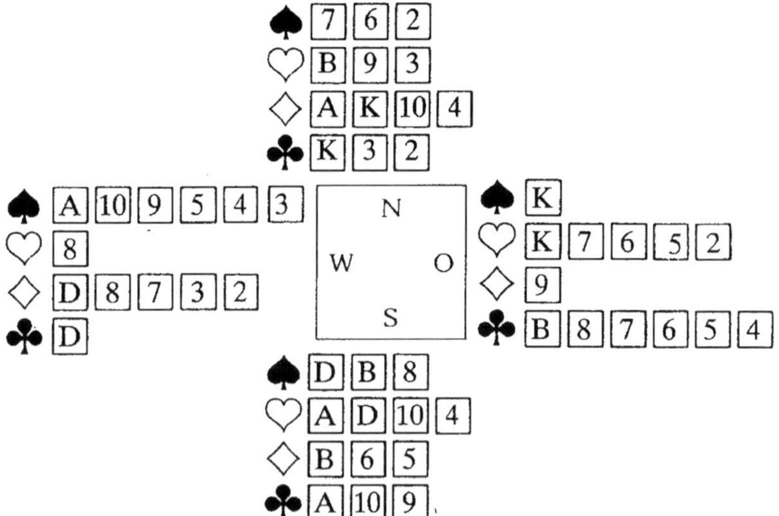

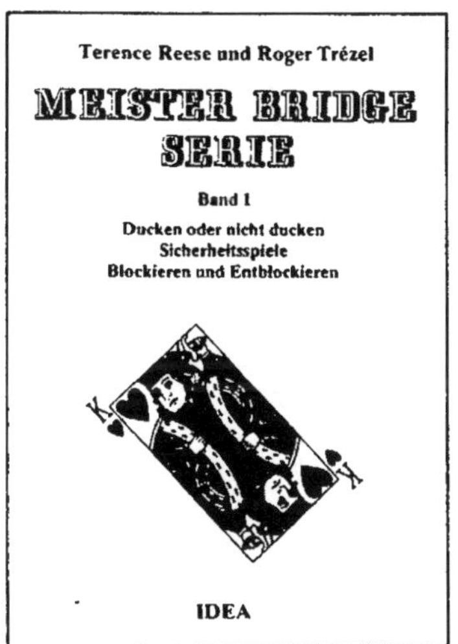

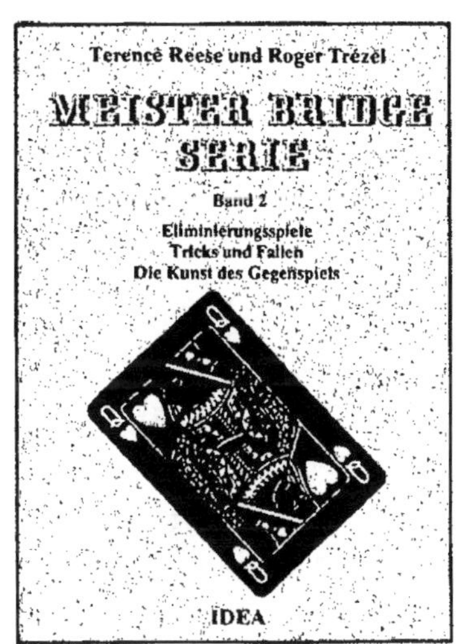

Die MEISTER BRIDGE SERIE gilt heute weltweit als die gekonnteste Beschreibung von technisch schwierigen Vorgängen beim Bridge. Bd. 1 und 2 liegen bereits vor.

Beide Verfasser haben sich sowohl als Spieler wie auch als Bridge-Autoren einen gleichermaßen guten Ruf erworben. Roger Trézel spielte viele Jahre in der französischen Nationalmannschaft, ebenso wie Terence Reese in der englischen. Beide sind Europa- und Weltmeister.

Beliebte Bridge Bücher

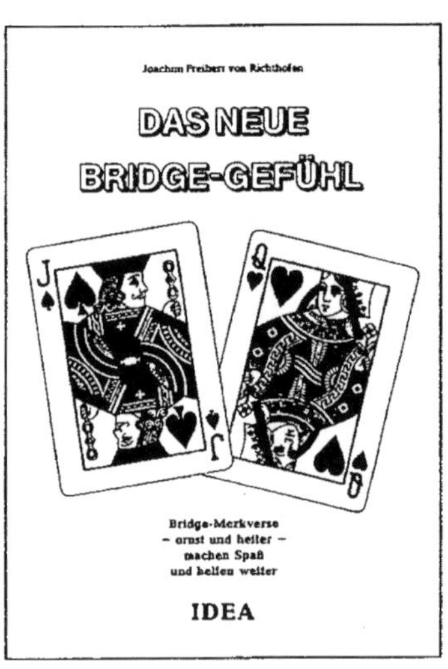

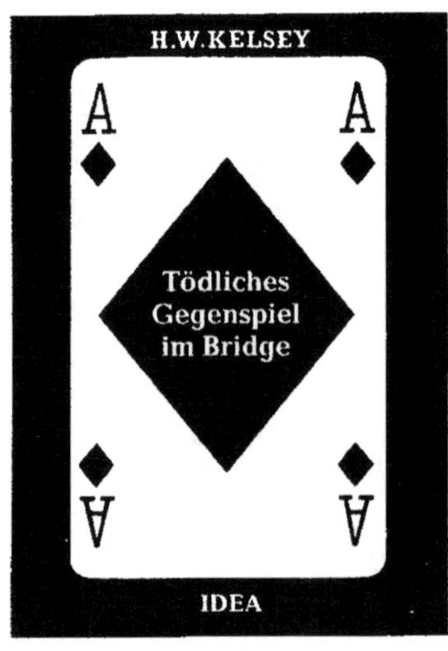

Joachim Freiherr von Richthofen

Das neue Bridge-Gefühl

208 Seiten mit zahlreichen Lehr- und Übungshänden, 15×21, geb. mit farbigem Schutzumschlag, ISBN 3-9800371-4-2

In der Form von einprägsamen Merkversen werden in 32 Kapiteln spiel- und reiztechnische Grundsätze beigebracht, wobei zugleich mit Hilfe der Merkverse jederzeit die Brücke von der Theorie zur Praxis des Spiels geschlagen werden kann. Ein Bridge-Lehr- und Lernbuch, das für einen sehr breiten Leserkreis geeignet ist.

Hugh Walter Kelsey

Tödliches Gegenspiel in Bridge

Übersetzt aus dem Englischen von Joachim Freiherr von Richthofen.

192 Seiten, 15×21, geb. mit farbigem Schutzumschlag, ISBN 3-88793-000-2

Eines der klassischen Bücher über das Gegenspiel. Es wendet sich an den Spieler, der über die Anfangsgründe hinaus ist und nach einer Verfeinerung seines Spielkönnens strebt. In über 150 Lehr- und Übungshänden vermittelt H.W. Kelsey das notwendige Rüstzeug zur Meisterung des Gegenspiels.

IDEA Verlag
Postfach 1361 · Puchheim